U0924037

ART& DESIGN

# 高等院校艺术设计教育『十二五』规划教材

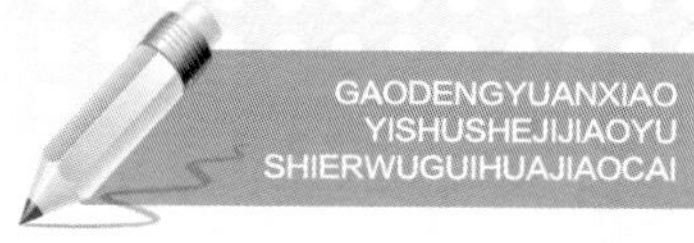


高等院校艺术设计教育『十二五』规划教材

# 居住空间设计

主　编　兰育平　刘永福

副主编　刘郁兴　毛文青　莫玉秀　郑　昊　刘　斌

唐壮鹏　陈贝贝　杨大奇　冀海玲

# Juzhu Kongjian Sheji

GAODENGYUANXIAO
YISHUSHEJIJIAOYU
SHIERWUGUIHUAJIAOCAI

中南大学出版社
www.csupress.com.cn

**图书在版编目(CIP)数据**

居住空间设计/兰育平,刘永福主编. —长沙:中南大学出版社,2014.8

ISBN 978-7-5487-1146-9

Ⅰ.居…　Ⅱ.①兰…②刘…　Ⅲ.住宅-室内装饰设计　Ⅳ.TU241

中国版本图书馆CIP数据核字(2014)第172380号

**居住空间设计**

主编　兰育平　刘永福

□责任编辑　陈应征
□责任印制　易建国
□出版发行　中南大学出版社
　　社址:长沙市麓山南路　　邮编:410083
　　发行科电话:0731-88876770　　传真:0731-88710482
□印　　装　湖南精工彩色印刷有限公司

□开　　本　889×1194　1/16　□印张10　□字数309千字　□插页
□版　　次　2014年8月第1版　□2014年8月第1次印刷
□书　　号　ISBN 978-7-5487-1146-9
□定　　价　48.00元

# 总 序

人类的设计行为是人的本质力量的体现，它随着人的自身的发展而发展，并显示为人的一种智慧和能力。这种力量是能动的，变化的，而且是在变化中不断发展，在发展中不断变化的。人们的这种创造性行为是自觉的，有意味的，是一种机智的、积极的努力。它可以用任何语言进行阐释，用任何方法进行实践，同时，它又可以不断地进行修正和改良，以臻至真、至善、至美之境界，这就是我们所说的“设计艺术”——人类物质文明和精神文明的结晶。

设计是一种文化，饱含着人为的、主观的因素和人文思想意识。人类的文化，说到底就是设计的过程和积淀，因此，人类的文明就是设计的体现。同时，人类的文化孕育了新的设计，因而，设计也必须为人类文化服务，反映当代人类的观念和意志，反映人文情怀和人本主义精神。

作为人类为了实现某种特定的目的而进行的一项创造性活动，作为人类赖以生存和发展的最基本的行为，设计从它诞生之日起，即负有反映社会的物质文明和精神文化的多方面内涵的功能，并随着时代的进程和社会的演变，其内涵不断地扩展和丰富。设计渗透于人们的生活，显示着时代的物质生产和科学技术的水准，并在社会意识形态领域发生影响。它与社会的政治、经济、文化、艺术等方面有着千丝万缕的联系，从而成为一种文化现象反映着文明的进程和状况。可以认为：从一个特定时代的设计发展状况，就能够看出这一时代的文明程度。

今日之设计，是人类生活方式和生存观念的设计，而不是一种简单的造物活动。设计不仅是为了当下的人类生活，更重要的是为了人类的未来，为了人类更合理的生活和为此而拥有更和谐的环境……时代赋予设计以更为丰富的内涵和更加深刻的意义，从根本上来说，设计的终极目标就是让我们的世界更合情合理，让人类和所有的生灵，以及自然环境之间的关系进一步和谐，不断促进人类生活方式的改良，优化人们的生活环境，进而将人们的生活状态带入极度合理与完善的境界。因此，设计作为创造人类新生活，推进社会时尚文化发展的重要手段，愈来愈显现出其强势的而且是无以替代的价值。

随着全球经济一体化的进程，我国经济也步入了一个高速发展时期。当下，在我们这个世界上，还没有哪一个国家和地区，在设计和设计教育上有如此迅猛的发展速度和这般宏大的发展规模，中国设计事业进入了空前繁盛的阶段。对于一个人口众多的国家，对于一个具有五千年辉煌文明史的国度，现代设计事业的大力发展，无疑将产生不可估量的效应。

然而，方兴未艾的中国现代设计，在大力发展的同时也出现了诸多问题和不良倾向。不尽如人意的设计，甚至是劣质的设计时有面世。背弃优秀的本土传统文化精神，盲目地追捧西方设计风格；拒绝简约、平实和功能明确的设计，追求极度豪华、奢侈的装饰之风；忽视广大民众和弱势群体的需求，强调精英主义的设计；缺乏绿色设计理念和环境保护意识，破坏生态平衡，不利于可持续性发展的设计；丧失设计伦理和社会责任，极端商业主义的设计大行其道。在此情形下，我们的设计实践、设计教育和设计研究如何解决这些现实问题，如何摆正设计的发展方向，如何设计中国的设计未来，当是我们每一个设计教育和理论工作者关注和思考的问题，也是我们进行设计教育和研究的重要课题。

目前，在我国提倡构建和谐社会的背景之下，设计将发挥其独特的作用。“和谐”，作为一个重要的哲学范畴，反映的是事物在其发展过程中所表现出来的协调、完整和合乎规律的存在状态。这种和谐的状态是时代进步和社会发展的重要标志。我们必须面对现实、面向未来，对我们和所有生灵存在的环

# 总 序

境和生活方式，以及人、物、境之间的关系，进行全方位的、立体的、综合性的设计，以期真正实现中国现代设计的人文化、伦理化、和谐化。

本套大型高等院校艺术设计教育“十一五”规划教材的隆重推出，反映了全国高校设计教育及其理论研究的面貌和水准，同时也折射出中国现代设计在研究和教育上积极探索的精神及其特质。我想，这是中南大学出版社为全国设计教育和研究界做出的积极努力和重大贡献，必将得到全国学界的认同和赞许。

本系列教材的作者，皆为我国高等院校中坚守在艺术设计教育、教学第一线的骨干教师、专家和知名学者，既有丰富的艺术设计教育、教学经验，又有较深的理论功底，更重要的是，他们对目前我国艺术设计教育、教学中存在的问题和弊端有切实的体会和深入的思考，这使得本系列教材具有了强势的可应用性和实在性。

本系列教材在编写和编排上，力求体现这样一些特色：一是具有创新性，反映高等艺术设计类专业人才的特点和知识经济时代对创新人才的要求，注意创新思维能力和动手实践能力的培养。二是具有相当的针对性，反映高等院校艺术设计类专业教学计划和课程教学大纲的基本要求，教材内容贴近艺术设计教育、教学实际，有的放矢。三是具有较强的前瞻性，反映高等艺术设计教育、教材建设和世界科学技术的发展动态，反映这一领域的最新研究成果，汲取国内外同类教材的优点，做到兼收并蓄，自成体系。四是具有一定的启发性。较充分地反映了高等院校艺术设计类专业教学特点和基本规律，构架新颖，逻辑严密，符合学生学习和接受的思维规律，注重教材内容的思辨性和启发式、开放式的教学特色。五是具有相当的可读性，能够反映读者阅读的视觉生理及心理特点，注重教材编排的科学性和合理性，图文并茂，可视感强。

总之，本系列教材具有鲜明的专业性和时代性，是高校艺术设计专业十分理想的教材。对于广大设计专业人士和设计爱好者来说，亦不失为一套实用的参考读物。相信本系列教材的问世，对促进我国设计教育的发展和推进高等艺术设计教学的改革，对构建文明而和谐的社会发挥其积极而重要的作用。

是为序。

2006年圣诞前夕于清华园

**张夫也**　博士　清华大学美术学院史论学部主任、教授、博士研究生导师

中国美术家协会理论委员会委员

# 前言

居住空间和人们的生活联系紧密，是人类基本生活要素之一。随着社会经济的发展，居住空间由最原始的天然岩洞演变到现在种类繁多的住宅样式。无论居住空间的形式将怎样的变化和发展，它的基本内涵是不变的：人类的住所。

中国古代人认为："君子之营宫室，宗庙为先，廊库次之，居室为后"。就是说在规划设计房屋时先考虑祠堂，次及牲口棚（因为祭祀时还需要用牛、羊、豕三牲）和库房（杂物库），最后才是居室。这说明中国古代对居室以宗法为重心，以农耕为根本的社会居住法则，同时兼顾精神与物质要素。

在西方，古罗马帝国建筑家波里奥认为："所有居室皆需具备实用、坚固、愉快三个要素"。可见，在两千年前人们就已在实质上把握了居室空间设计的机能、结构、精神价值。

到了现代，赖特则倡导"机能决定形式"，认为人是自然的部分，居住者应接受到充足的自然生活要素。

居室是人们赖以生存的最重要生活场所，随着人类社会的进步而发展。室内设计师应首先研究家庭结构、生活方式和习惯以及地方特点，通过多样化的空间组合形成满足不同生活要求的居室空间。

本书根据高等职业教育特点，结合自身的多年设计实践和教学经验，从对居住空间设计的认识到居住空间设计风格，以设计元素为主线，对居室空间设计知识娓娓道来，最后通过实训篇，实现理论和实践的结合。本书期望在一定程度上推动我国居住空间设计的发展，以及为优秀室内设计师的培养做出一点贡献。

本书的编写得到了广大同行的大力支持，樊汉、李青果、何武、刘小斌等设计师参与了部分内容的编写及素材整理工作，樊汉建筑装饰设计有限公司、金多利建筑装饰工程有限公司、百佳居装饰设计有限公司等为本书编写提供了设计方案，在此深表感谢。另外，由于本书参与了大量的图片、设计案例，有些无法联系到作者，在此深表歉意并致谢！限于编者水平、编写时间仓促，书中难免有疏漏之处，请广大读者不吝指正。

编　者<br>2014年5月27日

# 目 录

# 理论篇

# 第一章　居住空间设计认知

居住空间是一种以家庭为对象的人居生活环境。小而言之，它是家庭生活品质的标志；大而言之，它是社会进步和社会文明程度的体现。自古以来，人们都精心布置着居住空间环境，除满足安全、舒适功能等外，还追求一种诗意的生活格调，享受安逸而浪漫的居住环境。随着社会经济、科技的发展，人们的精神和物质生活水平得到不断地提高，促进了居住环境的改善，由单一的实用功能向多元的审美功能转化，由简朴的生理需求向丰富的精神需求提升。因此，在人们居住环境的变化中，居住空间设计扮演着极为重要的角色，它帮助人们创造了一个安全、舒适、美观及个性化的居住环境。

## 一、居住空间设计的概念

### （一）室内设计的概念

室内设计（interior design）一词，最早出现在20世纪初的欧洲。在我国，它被大众熟悉只有二十多年的历史。

室内设计，简而言之就是建筑内部空间环境设计。其定义可以概括为：运用一定的技术手段和美学原理，以创造满足人们的物质与精神需求为目的的室内空间营造技艺。

室内设计按照设计对象不同，可分为居住空间设计与公共空间设计两大类。后者依据功能需要再分为商业空间设计、办公空间设计、企业生产空间设计等。

### （二）居住空间设计的概念

居住空间，俗称住宅，是指家庭和个人日常起居生活的私人空间。它可以是一幢建筑，也可以是一个建筑的独立单元，供给一户家庭使用，并具有较齐全的居住功能，满足人们的居住要求。

居住空间设计，又叫住宅空间设计，是室内设计中的一个类型。它是通过对人们所居住的室内空间进行调整、布置、装饰及采光、通风、调温等精心设计，创造出来一个功能齐全、布局合理、安全舒适、美观雅致，满足了人们物质和精神生活需求的居住空间环境。

居住空间设计是室内设计中的一个重要组成部分，与公共空间设计关注的人群对象为社会公众群体不同，它是关于私人空间设计的一门学问。

## 二、中国居住空间设计的历史发展

在中国，居住空间的营造可追溯到原始社会晚期的黄河中下游流域的仰韶文明时期和龙山文明时期。仰韶文明时期，人们就开始运用细泥抹面来装饰墙面，并经过烧烤使之陶化，地面铺设木材和芦苇进行防水处理，后期发展为采用白灰抹面技术美化和处理墙面、地面；龙山文化时期，房间开始按照功能需要划分为内室和外室，白灰抹面技术被普遍采用。这些都是人类物质条件极为贫乏下的简易的室内设计与装饰手段。

奴隶社会时期，财富集中到少数贵族手中，奴隶主阶层开始了在自己的住宅上赋予更多的可以体现权力意志和等级标准的室内设计，出现了装饰奢华的室内空间，青铜器和玉器装饰作为奢华的陈设仅仅为贵族拥有，广大奴隶和平民居住在简单的窝棚和简陋的房子内。

封建社会时期，在儒、道、释三家文化综合作用下的室内装饰，形成了独特的东方标准和审美习惯。这主要表现在以下几个方面：居住空间设计强调“天人合一”的境界，将自然环境与人工设计巧妙结合，重视庭院环境与住宅设计的完美统一，院落布局突出封建礼仪秩序，形成中轴对称式的平面分布。“明堂暗室”的室内空间规划，既显示了符合礼仪秩序的合理性，也符合人们生活起居的客观需要。无论是院落布局，还是室内空间，空间划分均表现出主次分明、秩序井然、上下有序、男女有别的等级关系和伦常秩序。室内装饰方面，讲求图案装饰和原材质感。原木、陶瓷、石材、砖瓦等材质美感得到尊重的同时，富有中国文化特色的建筑彩画也被广泛运用。重视图案纹饰的象征意义与精雕细刻的工艺技术，“三雕”（石雕、木雕、砖雕）为传统的、具有代表性的装饰技术在建筑与室内装饰中普及大江南北。书画艺术品作为重要陈设将中国书法和绘画融入居室设计之中，凸显文人气息和高雅境界，显示民族文化的博大精深。

春秋时期士大夫住宅由庭院组成。《仪礼》一书记载了春秋时期士大夫住宅制度。住宅大门为三间，中央明间为门，左右次间为塾；门内为庭院，上房为堂，为生活起居、接待宾客、举行仪式的地方；堂的左右为厢；堂后为寝。这种格局，体现了古代主客有序，正偏有别，层次分明的礼制等级关系。

汉代的陶瓷、石刻、绘画和纺织品等装饰品和装饰材料普遍在居住空间中被使用，室内陈设装饰丰富多彩起来；南北朝时期廊形式的出现，是中国将自然环境和内部空间相连接的结果；北朝少数民族从北方带来的高足家具，逐渐改变了中国早期社会席地而坐的室内家具状态，直到隋唐五代时期，高足家具才成为中国室内的主要陈设，这极大地改变了中国室内空间的面貌；唐代时期的室内空间装修突出木结构的重要性，整体风格沉稳大气；宋代的室内空间面貌有更大发展，吊顶采用大方格的平綦与强调主体空间的藻井，因为室内尺度的提高，内部隔断采用格子门分隔空间，门、窗、栏杆、梁架装饰开始精细化，变化更加丰富多样。

明代家具是最具中国特色的样式，造型秀美简洁，雕饰线脚少，精致而典雅，重视材质本身的美感。清代室内装修更为规范，并走向成熟。江南私宅的室内设计和北方四合院的室内设计特点分明，风格不同，体现了中国南北地区不同的文化审美习惯和因地制宜的装饰手法。

19世纪中叶以来，随着西方文化和新技术的传入，中国传统文化受到很大冲击，西式风格的建筑设计和室内设计开始蜂拥而至，复制欧式和克隆中式传统一度成为潮流时尚，这种风气延续很久。20世纪80年代，中央工艺美术学院（现清华美院）设立了室内设计专业，稍后的工科院校也开始设立室内设计专业，开始培育中国的设计师。改革开放后，国外室内设计经验被大量引入中国，中国出现了再次的复制和模仿西式风格的潮流。

到21世纪初，我国当代室内设计开始进入到一个理性发展时期。中国设计师开始考虑民族性、地域性、多元性的发展，开始认识到来自中国本土设计的力量和特性。他们重视挖掘各地民居不同的室内传统装饰手法，探索现代室内设计理念，这为居住空间设计迎来了新发展。

## 三、居住空间设计的任务

居住空间设计的任务就是为人们的居家生活创造一个理想的内部环境，以满足私人空间的安全、健康、舒适和美观等需求。与公共空间相比，居住空间的空间小，功能多，对安全性、经济性、舒适度和个性化要求更高，主要满足以下方面的需求：

安全与私密性的需求：居住空间设计要考虑居住空间的坚固、耐久、防火、防盗、防寒、防潮、通风等，并充分考虑居住者的私密性，尤其注重卧室、卫浴等空间的私密性设计。

健康与舒适的需求：按照人们生活需求特点，合理布置住宅空间，运用环保节能材料，创造自然、舒适、健康的居住环境，并满足空间在视觉、听觉、触觉、嗅觉等方面的舒适度。

审美与个性化需求：实现公众审美与私人审美的协调和统一，艺术性和功能性的完美结合，包括满足业主内在的审美心理期许、个性展示，以及约定俗成的风水观念等。

## 四、居住空间设计的程序

居住空间设计的程序可分为四个阶段，即设计准备阶段、方案设计阶段、施工图设计阶段和设计实施阶段。具体要完成以下的居住空间设计任务（表1–1）。

**表1–1 居住空间设计程序**

| 设计步骤 | 设计内容 | |
|---|---|---|
| 设计准备 | 业务沟通：客户装修需求调研，掌握客户装修设计需求，确定设计计划。若属于委托设计则签订设计合同。 | |
| | 收集资料：现场勘察项目，掌握项目基本信息，如了解项目周围环境、丈量原始户型尺寸、原始户型建筑结构图。 | |
| 方案初步设计 | 项目分析：户型利弊分析、空间功能动线分析，绘制户型改造图、平面布置图。 | |
| | 设计草案构思：与客户沟通交流，确定设计风格、构思设计方案。 | |
| 方案深化设计 | 与客户深入沟通交流，确定项目细节，深化设计方案 | 界面造型设计：地面、侧面、顶面等各界面设计造型。 |
| | | 空间色彩搭配：确定空间主色调和色彩搭配体系。 |
| | | 光影营造：居住空间采光、照明设计。 |
| | | 陈设设计：家具、陈设品、绿化等布置设计。 |
| | | 材料选用：选定各空间的材料型号、规格、图案造型。 |
| 施工图纸绘制 | 平面图：平面布置图、吊顶平面图、给排水布置图、照明灯位设计图、电控平面图、插座平面图、网络闭路线路平面图、家具尺寸平面图等。 | |
| | 立面图：餐厅、客厅、卧室等各空间界面的装饰方式、材料使用规格。 | |
| | 大样图、剖面图：各空间界面构造节点详图、细部大样图、材料使用规格。 | |
| 设计方案实施 | 工程概预算：预算工程装修总造价，列出造价明细、施工工艺、材料规格型号。 | |
| | 技术交接：设计人员与施工部门管理人员进行设计方案、施工工艺等技术图纸交接。 | |
| | 项目施工：施工部门组织施工人员严格地按照施工图纸现场装修施工。 | |
| | 项目竣工验收：组织业主、设计人员、施工管理人员等对工程竣工验收。 | |

## 五、设计师必备专业能力与素质

一个高品质的居住空间设计任务的完成，是设计师艺术素养、知识水平、设计能力和施工技术综合作用下的体现，或者说，它是设计师完成一系列具体而复杂设计任务的直接结果。居住空间设计对设计师的能力要求很高，其主要包括艺术美学素养、交际沟通能力、专业基本技能、装饰施工工艺、设计表现能力等方面（表1–2）。

**表1–2 设计师必备能力与素质**

| 关键能力 | 主要内容 | |
|---|---|---|
| 专业能力 | 设计表现能力 | 方案设计表现技巧<br>1.空间风格塑造能力；<br>2.空间界面设计能力；<br>3.空间色彩设计能力；<br>4.居室陈设设计能力。 |
| | 空间组织能力 | 空间布局组织：空间组织、调整和再创造能力。 |
| | 施工图绘制能力 | 施工图纸绘制能力：绘制施工平面布置图、立面图、剖面图、大样图等。 |
| | 装饰施工工艺 | 熟悉施工工艺，了解装修需用的各种材料，做好工程概预算。 |
| | 专业基本常识 | 建筑常识：建筑结构、建筑技术（水、暖、电等）等知识。 |
| | | 人体工程学：人体基本尺寸、家具尺寸及空间尺寸、比例等。 |
| 艺术修养 | 了解现代设计观念和设计思潮，掌握艺术设计形式美法则等，形成自身独特的艺术观。 | |
| 职业素养 | 社会责任感以及专业创新探索精神。 | |
| 交际沟通能力 | 人际交往能力、沟通表达能力、公关礼仪知识等。 | |

# 第二章　居住空间的组织形式

绝大多数建筑物的室内空间都是通过再限定空间而产生的多个独立空间组合而成，各独立空间的关系从功能上讲都不是彼此孤立的，而是互相联系的。居住空间组织方式就是指若干独立空间以一定的方式联系在一起。采取何种空间组织方式，要根据各个独立空间的特点和功能使用要求来确定，将所有的空间有机地组合在一起，形成一个完整的室内空间体系。

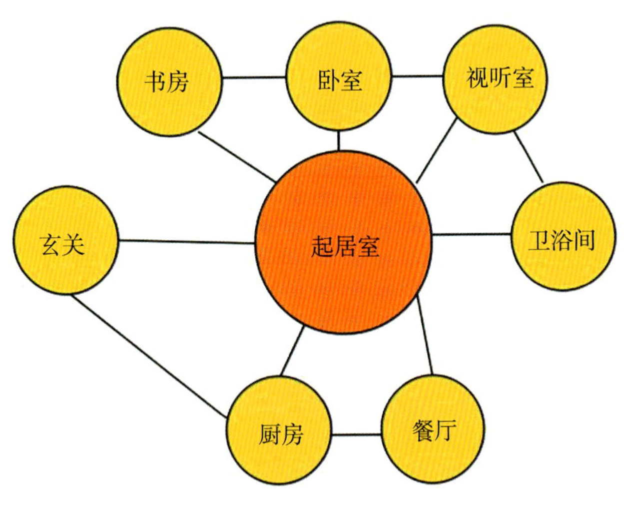

图2-1　各个居住空间功能区关系图

## 一、居住空间功能区组成要素

根据人们日常起居生活需求，可以将居住空间各功能区域划分为玄关、起居室、餐厅、卧室、卫浴间、厨房等不同性质的空间（图2-1）。

### （一）玄关

玄关是居住空间入口区域，是出入室内外居室的缓冲空间，也可叫做斗室、过厅、门厅。其设计关键点：

①考虑其实用功能：通常可根据实际情况，常用的家具有鞋柜、衣帽柜、镜子、小坐凳等，方便主人进出换鞋、脱衣、搁物、迎送客等。

②确保主人私密性：利用木质、玻璃等材料做隔断，使整个室内空间保持主人的私密性。避免客人一进门就对整个居室一览无余。

③地面装材选用：玄关属于使用率最高的地方，地面应采用石材、地砖等耐磨、防滑、易清洁的材料。

④主人格调展示作用：注重玄关装饰效果，并与整套住宅装饰风格协调，起到承上启下的作用。玄关是客人到访的第一站，是最能体现主人品位的地方。

### （二）客厅（起居室）

客厅是家庭会客、娱乐、休息、视听、阅读、团聚等活动场所，是居住空间使用率最高的空间。其设计关键点：

①家具布局：客厅是个综合性场所，其主要布置有沙发、茶几、家庭影院、电视柜、工艺品展架等物品，可运用L字形、C字形、一字形、对称式等布局形式。

②设计风格把握：客厅是家庭住宅的核心区域，是主人品位的主要体现；它的设计风格基调是家居格调的主脉，统领着整个居室的风格走向。因此，客厅设计是居住空间设计的重中之重。

### （三）餐厅

餐厅，顾名思义，是家人用餐、宴请亲朋的地方，常与厨房连接在一起。

根据空间组织形式可分为独立餐厅、客厅兼餐厅、厨房兼餐厅等。餐厅的家具主要有餐桌（圆形、方桌或长桌）、餐椅，以及存放餐具、酒杯的餐柜。

在色彩方面，餐厅的色彩适合用明朗轻快的色调，如橙色、黄色等暖色颜色给人一种温馨的感觉，能够促进人的食欲。

### （四）厨房

厨房是家庭味道制作中心，其质量关系到家庭居住生活质量。

厨房的类型：封闭式、半开放式、全开放式三种形式。

厨房的设施：洗涤盆、灶台、抽油烟机、操作台面、冰箱、消毒柜、微波炉、储物柜等，主要用于完成储物、备膳、烹饪、洗涤等任务。

厨房的布局：厨房的布置应充分考虑人体工程学中对人体尺寸、动作区域、操作效率、设施先后左右的顺序和上下高度的合理配置。按照人们在厨房的工作操作流程（取物—洗涤—烹饪），可将厨房工作区设计成L字形、二字形、一字形、U字形、岛式形等形式。

### （五）卧室

卧室是私密性最强的空间区域，主要提供人们睡眠、休息功能，也可附带学习、更衣、梳妆、卫浴等功能，因此，设计卧室就要力求隐私、恬静、健康、舒适，营造温馨氛围和优美格调。

卧室的类别：主卧室、次卧室（包括子女卧室、老人卧室、客人卧室等）。

#### 1.主卧室

主卧是房屋主人的卧室，对隐私性、安全性要求最高。要具备有睡眠、梳妆、更衣、学习、盥洗等功能，并根据主人的年龄、性格、志趣爱好，设计出隐秘、宁静、舒适的温馨环境。

#### 2.子女卧室

子女卧室是孩子休息、睡眠、游戏、学习的独立空间。因孩子的年龄、性别、性格等

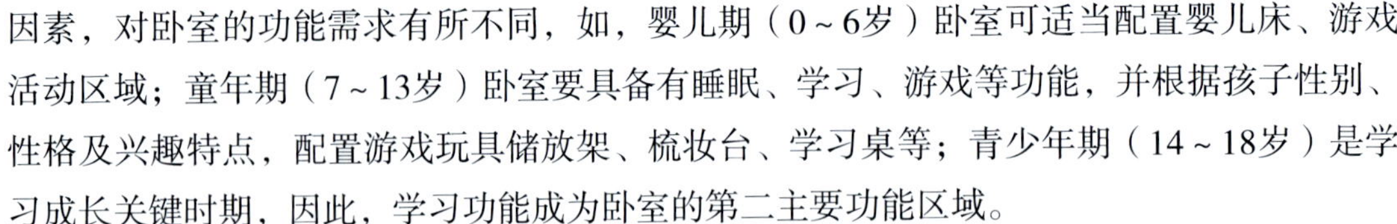

因素，对卧室的功能需求有所不同，如，婴儿期（0～6岁）卧室可适当配置婴儿床、游戏活动区域；童年期（7～13岁）卧室要具备有睡眠、学习、游戏等功能，并根据孩子性别、性格及兴趣特点，配置游戏玩具储放架、梳妆台、学习桌等；青少年期（14～18岁）是学习成长关键时期，因此，学习功能成为卧室的第二主要功能区域。

3.老人卧室

根据老年人的心理生理特点，通常以品格古朴典雅的设计格调为主，并注意以下几个方面：

首先，考虑良好的朝向，保证通风与采光。

其次，家具的棱角要圆润细腻，避免尖硬；床面高度适合坐、起等动作，减少动作幅度；地面平整，不设门槛，并具有防滑效果，以免老人行走滑倒。

最后，要有极佳的隔音降噪效果。老年人睡眠易醒，容易受到外界干扰，必须做好隔音吸音处理，营造安静环境。

### （六）书房

现代家庭中，书房是极为重要的部分，为家人提供阅读、写作、工作、创作、研究以及兼顾会客交流的环境，其类型主要有封闭式、开放式等。

### （七）卫浴间

卫浴间是居住空间不可缺少部分，是极为私密又实用的地方。其功能主要是满足人们洗漱、淋浴、如厕、洗衣等生活需求。住宅面积允许的话，通常设置有两个以上卫浴间最方便，分别是客卫（公共卫浴间）、主卫（主人卫浴间）等。根据使用面积大小划分如厕区、洗浴区、洗脸区等，常用设施主要有淋浴器、浴缸、便池、洗盘、浴霸等，而在主卫、客卫设施选择上会有所不同：主卫可用浴缸、坐式马桶，客卫采用淋浴器、蹲便池。

由于使用活动较为复杂和用水等原因，卫浴间是家庭事故“易发地”。卫浴间功能区域划分、必备器具的安装等要考虑人的移动便利性，选用具有良好的防滑性、防水性的材料，同时，充分考虑卫浴间的通风性，避免因洗热水澡而造成缺氧、引发事故等。

### （八）储物间

储物间主要用于存储家庭日常用品，如衣物、棉被、清洁用具、旅行箱、工具箱、电风扇等。根据日用品类别可分为杂物间、衣帽间。储物间的储物柜通常根据空间结构成U字形或L字形。

## 二、居住空间的功能分区

### （一）公共空间

公共空间包含玄关、餐厅、起居室、家庭影院、游戏室等空间，是家人相互交流、活动、娱乐及增进情感的主要场所，也是家庭接待客人、对外交流的窗口，体现家庭的气质，是居住空间设计的重要部分。

### （二）家务空间

家务空间是为家务活动，如清洁、洗晒衣物、烹饪等活动所提供的空间。家务活动主要包括准备膳食、洗涤餐具、清洁、洗晒衣物等。家务空间的设计，首先对所有的家务活动都设计一个适当的空间位置；其次应当根据设备尺寸及使用者的高度定出相应的人体工程学所要求的合理的尺度。家务空间包括厨房、储物间、生活阳台等。

### （三）私密空间

私密空间是为家庭成员独自活动所设计提供的空间。私密空间除应具备安全、休闲和个性化的需要外，设计上要充分地满足家庭成员的个体生活需求，针对个体的特殊需求如性别、喜好、性格、年龄等个别因素而设计。居室的私密空间的活动主要是供人休息、睡眠、淋浴、梳妆、更衣等活动。私密空间包括卧室、书房、衣帽间、盥洗室等。

## 三、空间动线分析

动线是指日常活动的路线。动线设计指的是设计师有意识地以人们的行为方式加以科学地组织和引导，居室中的动线可划分为家务动线、家人动线和访客动线。居住空间设计中三路动线尽量避免重复交叉。

### （一）家务动线

家务动线主要是体现在厨房的动线设计以及洗衣、晒衣服等日常的家务上，根据户型的现状，在尊重和满足使用者的劳动习惯外，还应充分考虑动线组合，保持使用者在使用过程中的方便、流畅和舒适，提高工作的效率（图2–2）。

### （二）家人动线

家人动线主要体现在门厅到客厅、就餐、休息及卧室、卫生间、书房、衣帽间等私密性较强的空间。设计要充分尊重主人的生活格调，满足主人的生活习惯（图2–3）。

### （三）访客动线

访客动线主要指客人由门厅进入客厅、餐厅、公卫的行动路线。访客动线应尽量不与家人动线和家务动线交叉，避免客人来访时造成冲突或出现不必要的尴尬，或者影响到家人休息或工作（图2–4）。

## 四、居住空间处理形式

### （一）切断形式

采用板材、砖块等实体性物件划分空间区域，属于封闭式隔断。其使相邻空间之间噪音、人流互不干扰，私密度和独立性非常高，形成独立的空间。主要适用于书房、卧室、

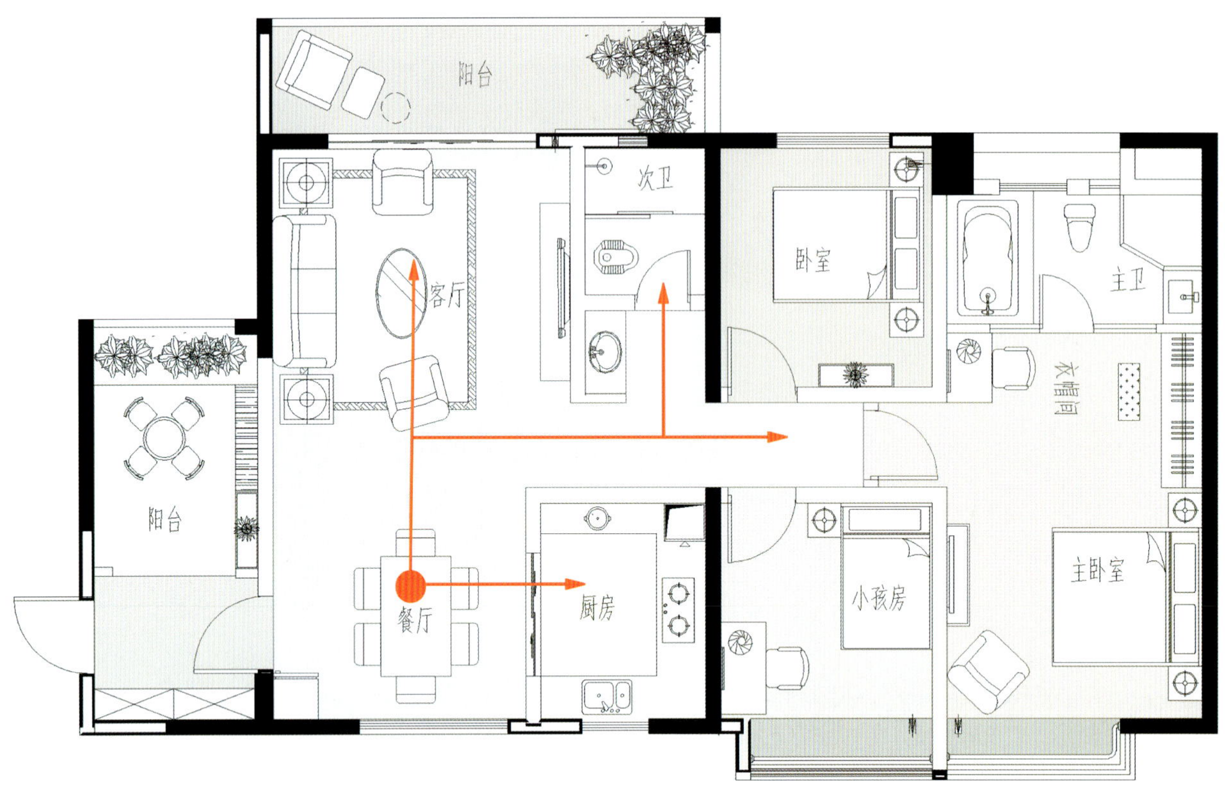


图2-2　家务动线

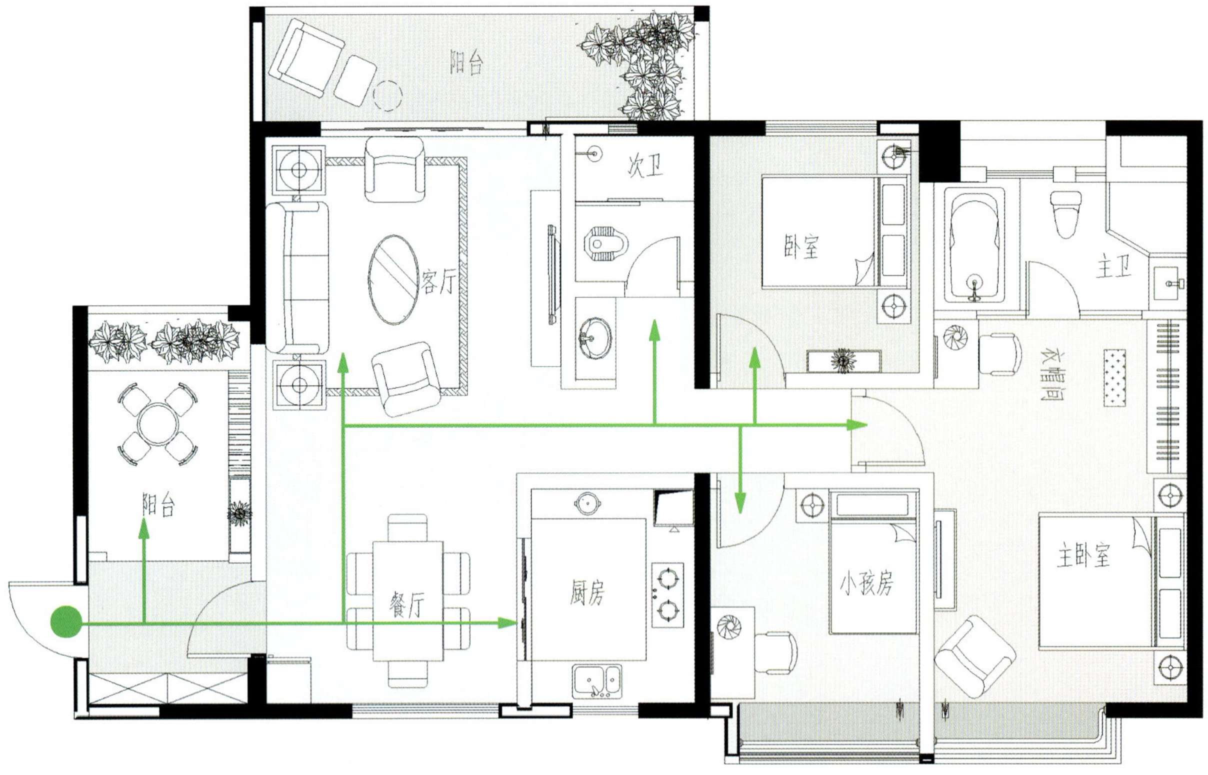


图2-3　家人动线

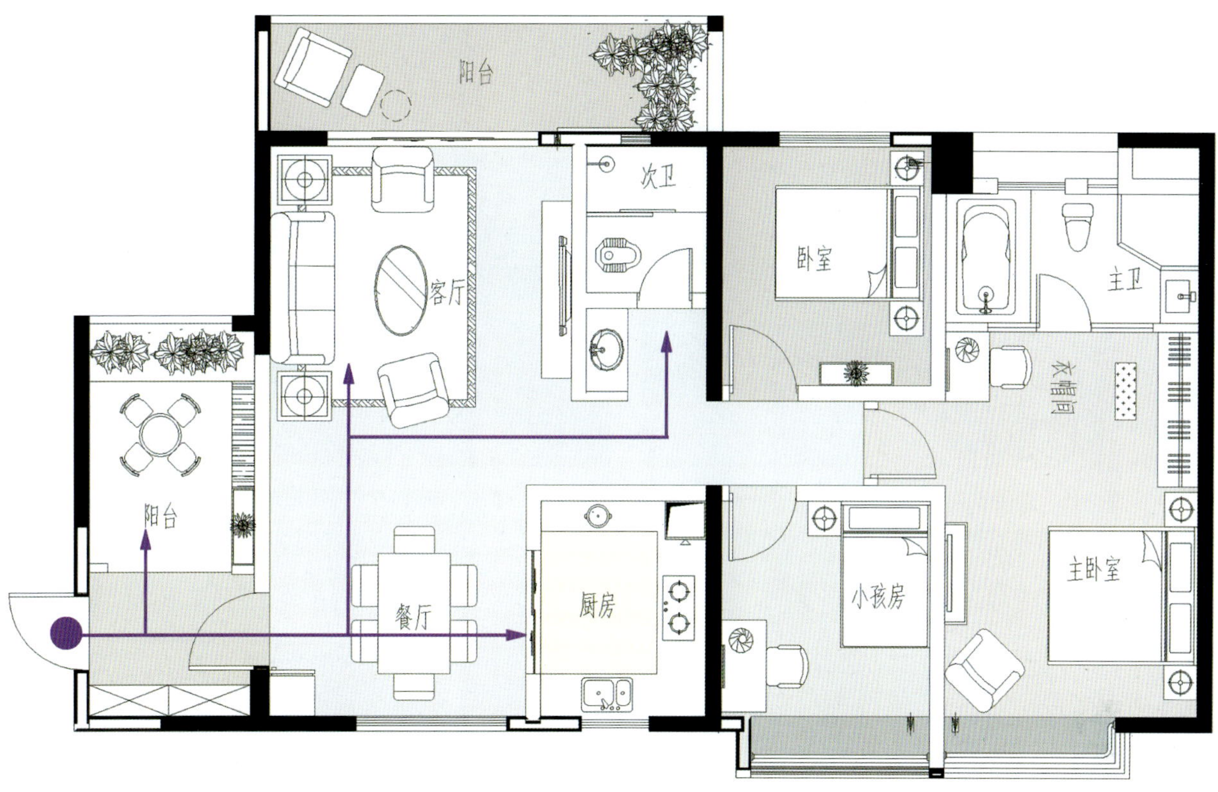


图2–4　客人动线

卫生间等对独立性、私密性要求高的空间。

### （二）分隔形式

分隔是最普遍的空间处理方式。通常采用的分隔形式有以下三种：

1.实体性分隔形式

采用矮墙、沙发、矮柜、吧台或其他实体性界面来划分空间。这种形式让各空间既保持一定独立性，又不失开放性，使居住空间层次显得丰富而有变化（图2–5、图2–6）。

2.象征性分隔形式

用片段、低矮的面、罩、栏杆、花格、构架等做通透隔断；或者采用绿化、水体、色彩、光线、材质等元素分隔空间，属于象征性分隔（图2–7、图2–8）。

3.弹性分隔

利用拼装式、直滑式、拆叠式、升降式等活动隔断的帘幕、家具、陈设等分隔空间，可以根据使用要求而随时启闭或移动，空间也随之或大或小，或分或和。这种分隔形式灵巧方便，实用性强，造型变化丰富（图2–9）。

图2-5 采用镂空博古架划分空间

图2-6 采用玻璃墙面划分空间

图2-7 运用色彩变化隔断空间

图2-8 采用地面不同材质图案划分空间

图2-9 采用可移动的木架隔断空间

### （三）水平高差

水平面高差分隔主要是指通过对地面或顶面进行抬高或降低处理，来实现空间转换、界定功能，使空间错落有致，丰富空间立体层次感（图2-10、图2-11）。

### （四）通透

通透形式恰好与分隔、切断形式的做法相反，是将原本不合理的隔断墙体全部或部分拆除（注意不能破坏建筑物承重结构）。通过完全打通、局部打通的做法，打破空间局促围合，使其与相邻空间交融一体，拓展空间视野，提高室内采光性、通透性。这种处理方式可清除窒息感和压迫感，使空间更具延伸性、互动性和流畅性。

图2-10　抬高玄关处地面，创造室内二维空间感

图2-11　采用吊顶造型划分空间

# 第三章　居室空间设计形式美法则

居室空间设计中经分解、重组而形成的新形态，存在着各要素不同的编排组合形式，可以是规律的，也可以是随意的。不论哪一类组合都存在着形式美的关系问题。形式美涉及均衡、对称、比例、节奏与韵律，对比、和谐等。从形式美的原理出发，任何一个整体都包括点、线、面、色彩、材质、光等基本元素。

## 一、形式美法则的概念

古人所言的“化工之巧”、“巧则工”均是艺术创作过程中的美的意识的反映，也就是艺术设计要讲究形式美法则。广义地说，它是客观事物外观形式的美；狭义地说，它是由点、线、面、色彩、空间、构图、材质等元素构成，是各种美的具体形式的提炼和概括。

关于形式美的探索自古就有。早在古希腊时期，毕达哥拉斯学派、柏拉图和亚里士多德均认为，形式是万物的本源，也是美的本源。那时，人们便开始了对形式美的研究和探讨，并归纳总结了许多关于形式美的法则，比如，均衡、比例、对比、节奏、对称、和谐、重点等。英国文艺批评家克莱夫·贝尔（1881—1964）于19世纪末提出的“有意味的形式”对现代造型艺术有深刻的影响，在他看来，真正的艺术在于创造这种“有意味的形式”。而这种“有意味的形式”，既不同于纯形式，也有别于内容与形式的统一。现代格式塔心理学美学的代表阿恩海姆在其《艺术与视知觉》中把美归结为某种“力的结构”，认为组织良好的视觉形式可以使人产生快感，一个艺术作品的实体就是它的视觉外现形式。

总之，形式是超越时间的概念，是艺术作品的外观体现，是情感的载体。形式美感体现能够使人产生相应的审美意识和情感体验，形式美的规律与法则，是进行一切造型艺术的指导准则。

## 二、形式美法则类型

### （一）黄金分割律

1.概念

黄金分割律也叫黄金律，是公元前6世纪古希腊数学家毕达哥拉斯所发现，后来古希腊美学家柏拉图将此称为黄金分割。它是一个数字的比例关系，即把一条线分为两部分，此时长段与短段之比恰恰等于整条线与长段之比，其数值比为1.618∶1或1∶0.618。

文艺复兴时代，米开朗基罗、达芬奇等大师都花费大量精力寻找所谓美的形式，研究“黄金分割原理”。1：0.618这个黄金比例最优美与和谐。对人的视觉产生适度的刺激，它的长短比例正好符合人的视觉习惯。黄金分割被广泛地应用于建筑、设计、绘画、影像等各方面。

最早的关于人体与建筑比例的研究，是古罗马维特鲁威（古罗马学者及建筑家），他认为：神殿建筑物应该采用与完美的人体比例相似的比例构成方式，因为人体各部分十分和谐。位于雅典（Athens）的帕提农神庙（Parthenon）是一个运用希腊比例体系的实例。经简单分析发现，帕提农神庙的正面符合多重黄金分割矩形；二次黄金分割矩形构成楣梁、中楣和山形墙的高度；最大黄金分割矩形中的正方形确定了山形墙的高，图中最小的黄金分割矩形决定了中楣和楣梁的位置（图3–1）。

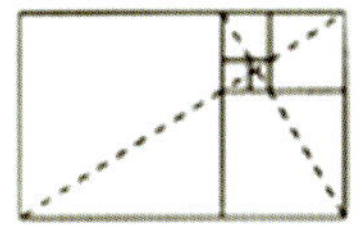

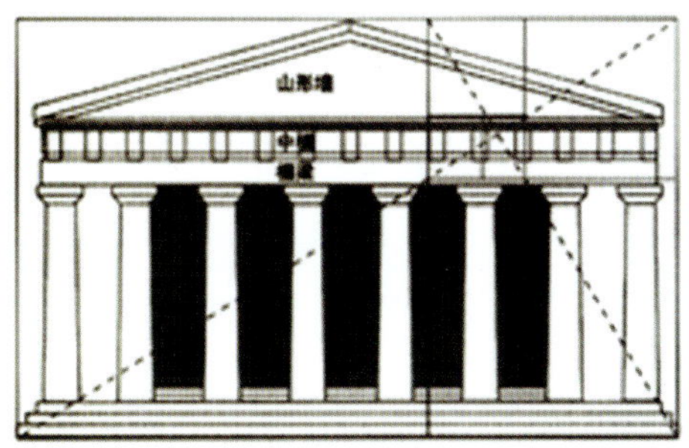


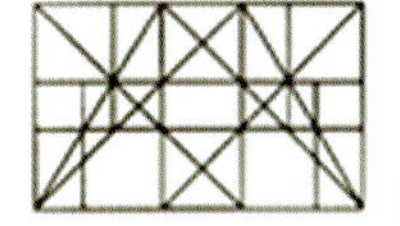

图3–1　雅典（Athens）的帕提农神庙（Parthenon）

几个世纪之后，“完美比例”（即黄金分割）被有意识地运用在哥特式（Gothic）大教堂中。在《走向新建筑》（Towards A New Architecture）书中，柯布西耶引证了巴黎圣母院（Cathedral of Notre Dame，Paris）正面各种比例中的正方形和圆的作用：包围大教堂的那个矩形具有黄金分割比例，这个黄金分割矩形中的正方形围住了大教堂正面主体部分；二次黄金分割矩形围住了两座塔楼，这些线是两条对角线，在通风窗上方相交，穿过了大教堂正面矮墙的拐角；中间正门也符合黄金分割比例；通风窗的直径等于1/4个正方形内切圆的直径（图3–2）。

图3-2　巴黎圣母院

2.黄金分割律的实际运用（三分法则）

“黄金分割比例”被认为是“和谐”的构图形式，许多设计师、艺术家都遵循“黄金分割”构图规则，进行艺术创作（图3-3~图3-7）。

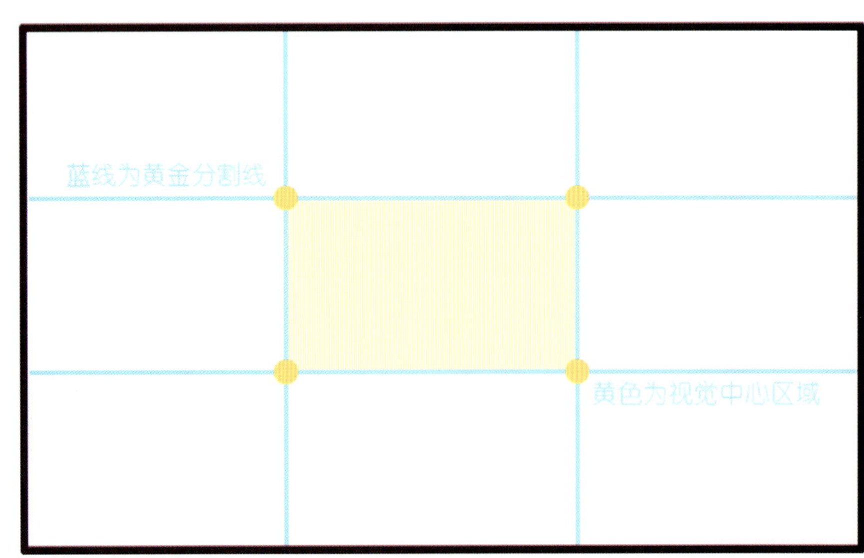


图3-3　三分法则

注：“三分法则”是由“黄金分割比例”简化而来，是将整个画面在横、竖方向上各用两条直线分割成等分的三部分，我们将创作的主体放置在任意一条直线或直线的交点上，这样比较符合人类的视觉习惯。将创作主体放在4个交叉点上，画面立刻就生动起来。

图3-4　佚名《明宣宗射猎图轴》运用黄金分割律构图形式

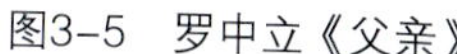

图3-5　罗中立《父亲》

注：这幅超写实主义的巨型头像作品中，虽然画面——特写的人脸，左右是以鼻梁为中轴的几何对称，但是有一根黄金分割水平线正好穿过了那干渴欲饮的下嘴唇的最亮的高光部位。

图3-6　运用黄金分割律处理墙体界面

图3-7　运用黄金分割律处理墙体界面

### （四）对比与调和

对比就是把质或量反差较大的元素合理地排列在一起，使画面主题既鲜明、突出，又不失统一感，使主题更加鲜明、活跃；调和则是指借助各元素的相似点，平衡个性，力求画面和谐，使观者有整体感（图3-18）。

图3-18　彼埃·蒙德里安的方格作品是对比与调和运用的典型代表作

注：彼埃·蒙德里安（1872—1944），荷兰画家风格派运动幕后艺术家和非具象绘画的创始者之一，其作品以几何图形为绘画的基本元素，创作了系列的方格代表作，对后代的建筑、设计等产生巨大影响。

在居室空间设计时，要将对比与调和的法则巧妙结合在一起运用，就要根据居室空间的使用功能，以及物件大小、高矮、形状、色彩等的不同，借助它们之间的体积、形状、色彩的差异与变化，突显其个性，寻求空间的变化的同时，注重挖掘它们的共同点，让整个空间处于和谐、平衡状态。

对比与调和法则的运用主要体现在地面、天棚、家具、陈设品、隔断几个方面。一个完整的居室空间是由多个空间组合的，如门厅、客厅、过廊、餐厅、卧室、书房、卫浴间等，室内空间设计要组织协调好各个空间的关系，有目的、有意识地突出重点空间，淡化次要空间，把主要空间用组织与对比的手法形成趣味中心，吸引人的注意，创造独特的空间环境。室内空间设计的对比形式有：大小对比、高低对比、色彩对比、方向对比、疏密对比、轻重对比、质感对比、曲直对比、虚实对比，等等（图3-19~图3-21）。

图3-4　佚名《明宣宗射猎图轴》运用黄金分割律构图形式

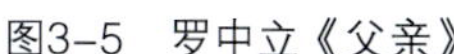

图3-5　罗中立《父亲》

注：这幅超写实主义的巨型头像作品中，虽然画面——特写的人脸，左右是以鼻梁为中轴的几何对称，但是有一根黄金分割水平线正好穿过了那干渴欲饮的下嘴唇的最亮的高光部位。

图3-6　运用黄金分割律处理墙体界面

图3-7　运用黄金分割律处理墙体界面

### （二）对称与均衡

人的视觉对对称与均衡有着敏锐的感知力，在美术理论中，对称与均衡被列为美的重要形式法则。无论在绘画、书法、建筑、园林景观，还是在工艺品的创作设计，都十分普遍地运用对称与均衡构图形式（图3-8）。

在居室空间设计中，运用该法则可减少空间过多的视觉冲突，使空间处于自然协调的状态，给人以安定、端庄、典雅的空间效果；非对称均衡的形式可以创造出变化和灵活、生动活泼的空间效果。现代室内功能日趋复杂，很难做到完全对称与均衡。因此，基本对称、适当均衡是主流设计形式，要充分利用前后左右各方面的要素综合处理，才能达到对称均衡的效果。

图3－8 达芬奇《最后的晚餐》就是采用的对称与均衡构图形式

1.对称

对称即假设在空间设定一条直线，其前后、左右的空间部件在造型、色彩、材质上相等或相似，实现空间部件陈设的对等。对等形态在视觉上有着自然、安定、均匀、协调、整齐、大气、典雅、庄重的空间效果（图3-9）。

图3-9 对称的形式美法则常用于表现古典式居室空间 建e部落网站

2.均衡

均衡是指在视觉心理上给人一种等量和不等形的力的平衡状态。空间设计上的均衡并非实际重量、形状的均等关系，而是根据物体的形量、大小、轻重、色彩质感以及物体位置的分布来实现视觉心理上的平衡。均衡相对于对称在视觉上显得更加灵活、新鲜，并富有变化的统一美感，给人以舒适、平衡、可靠、和谐、优美之韵味（图3-10、图3-11）。

图3-10　色彩、家具、陈设品之间的均衡效果　童武民

图3-11　红色让空间视觉均衡，增添空间的活泼氛围　建e部落网站

（三）节奏与韵律

节奏与韵律是指同一部件有秩序的重复与变化。在建筑设计中，建筑的高低错落、疏密变化，都有着节奏韵律（图3-12、图3-13）。在室内空间设计中，节奏与韵律运用得十分普遍，不同的节奏与韵律给人们不同的生理及心理感受。

节奏是单调的重复，韵律是富于变化的节奏，是节奏中注入个性化的变异，形成丰富而有趣味的反复与交替。它能增强版面的感染力，开阔艺术的表现力。

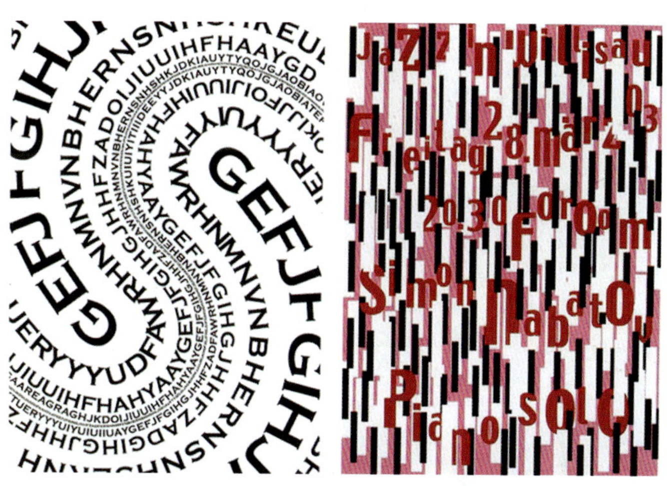

图3-12　有韵律的构成具有积极的生气，能增强版面的感染力

图3-13　节奏与韵律

要素的连续重复，要素秩序的变化，不同的要素规律性的组织协调等（图3–14）。

要素在连续重复排列时，各个要素之间的距离是等同的，如特定形态墙体的重复形成的节奏与韵律（图3–15）。

图3–14　灯具和珠帘有序重复，营造韵律空间效果　樊汉（广西）环境艺术设计师事务所

图3–15　元素等距排列，营造节奏感强的空间效果　樊汉（广西）环境艺术设计师事务所

重复的要素可以根据空间所表达的情感去进行设计，如，它可以是穹窿形、圆形、口字形等，可以是一切能够体现空间情感的元素图形（图3-16）。

重复的位置可以是地面、立面、顶面。要素的连续重复使组织的空间产生的韵律节奏丰富了空间的形式，增强节奏与韵律的形式法则既可以使空间成为统一整体，又能产生丰富的空间效果变化（图3-17）。

图3-16　墙面圆形造型运用，丰富了空间的节奏感　　品茗阁蒙明明

图3-17　节奏与韵律体现于空间各个界面或摆件　　樊汉（广西）环境艺术设计师事务所

### （四）对比与调和

对比就是把质或量反差较大的元素合理地排列在一起，使画面主题既鲜明、突出，又不失统一感，使主题更加鲜明、活跃；调和则是指借助各元素的相似点，平衡个性，力求画面和谐，使观者有整体感（图3–18）。

图3–18　彼埃·蒙德里安的方格作品是对比与调和运用的典型代表作

注：彼埃·蒙德里安（1872—1944），荷兰画家风格派运动幕后艺术家和非具象绘画的创始者之一，其作品以几何图形为绘画的基本元素，创作了系列的方格代表作，对后代的建筑、设计等产生巨大影响。

在居室空间设计时，要将对比与调和的法则巧妙结合在一起运用，就要根据居室空间的使用功能，以及物件大小、高矮、形状、色彩等的不同，借助它们之间的体积、形状、色彩的差异与变化，突显其个性，寻求空间的变化的同时，注重挖掘它们的共同点，让整个空间处于和谐、平衡状态。

对比与调和法则的运用主要体现在地面、天棚、家具、陈设品、隔断几个方面。一个完整的居室空间是由多个空间组合的，如门厅、客厅、过廊、餐厅、卧室、书房、卫浴间等，室内空间设计要组织协调好各个空间的关系，有目的、有意识地突出重点空间，淡化次要空间，把主要空间用组织与对比的手法形成趣味中心，吸引人的注意，创造独特的空间环境。室内空间设计的对比形式有：大小对比、高低对比、色彩对比、方向对比、疏密对比、轻重对比、质感对比、曲直对比、虚实对比，等等（图3–19~图3–21）。

图3-19　界面的对比与统一

注：设计师采用对比形式法则处理空间界面，大面积的板材和局部墙面的留白，营造出独特、禅意的空间效果

图3-20　色彩的对比与统一　陈杰　新天名城样板间/建e部落网站

注：设计师采用黑白对比色搭配整体空间色彩，使居室空间既活泼，彰显个性，又不失稳重大方　。

图3-21　电视墙设计的对比与统一　陈杰　新天名城样板间/建e部落网站

注：电视墙是客厅的趣味中心，是客厅设计重中之重。设计师通过形状、色彩、大小、高低等对比形式，以及强调空间造型、色彩的相互呼应，精心设计了既活泼又稳重的空间效果。

# 第四章　居室空间色彩运用

色彩感之于室内设计，有如色彩对画家一般重要。

——英国作家、艺术家、艺术评论家约翰·拉斯金

孤立的颜色无所谓美或不美，没有高低贵贱之分，如梵高所说：“没有不好的颜色，只有不好的搭配。”色彩是居室空间设计中最能够产生效果的重要因素，色彩运用的好坏决定了整个室内空间设计效果。因此，如何巧妙地搭配色彩是居室空间色彩设计效果优劣的关键，掌握居室空间色彩搭配技巧是十分重要的。

## 一、色彩的基本知识

### （一）光与色彩

光与色是并存的。有了光，我们眼睛才能看见颜色，人的色彩感觉离不开光。

1.光与可见光谱

光在物理学上是一种电磁波，从0.39 μm到0.77 μm 波长之间的电磁波，才能引起人们的色彩视觉感受，此范围称为可见光谱。波长大于0.77 μm 的电磁波称红外线，波长小于0.39 μm的电磁波称紫外线。

2.光的传播

光以波的形式进行传播，可用波长和振幅两个物理量描述。不同的波长的光色相有差别；波长相同振幅不同，其色相的明暗有差别。光在传播时有直射、反射、透射、漫射、折射等多种形式。光直射时直接进入人眼，视觉感受到光源。当光源照射物体时，光从物体表面反射出来，人眼感受到的是物体表面色彩。当光照射时，如遇玻璃之类的透明物体，人眼看到是透过物体的穿透色。光在传播过程中，受到物体的干涉时，则产生漫射，对物体的表面色有一定影响。如通过不同物体时产生方向变化，称为折射，反映至人眼的色光与物体色相同。

### （二）色彩的分类

色彩按照其表现形式可分为两大类：无彩色系和有彩色系。其中黑、白、灰属于无彩色系，无彩色系的颜色只有一个基本属性——明度；除了无彩色系外，其他所有颜色都是有彩色，有彩色系包括三个基本属性——色相、明度、纯度（图4-1）。

### （三）色彩三要素

在有彩色系中，只要有一色彩出现，这个色彩就同时具有三种基本属性：色相、明度和纯度。

1.色相

色相用于区别色彩的面貌，即各类色彩的相貌称谓，如大红、普蓝、柠檬黄等。色相是色彩的首要特征，是区别各种不同色彩的最准确的标准（图4-2）。

2.明度

明度表示色彩的明暗性质，可理解为颜色的亮度，不同的颜色具有不同的明度（图4-3）。

3.纯度

纯度表示色彩的浓度，也称饱和度或彩度、鲜度。色彩的纯度强弱，是指色相感觉明确或含糊、鲜艳或混浊的程度（图4-4）。

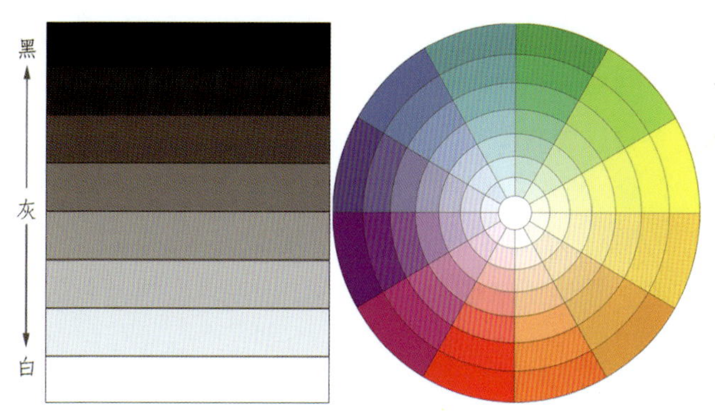

图4-1　色彩的分类

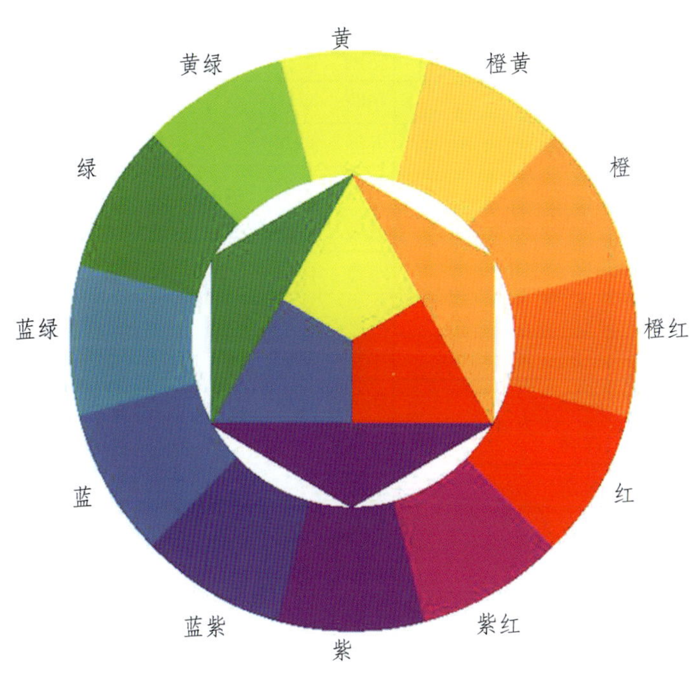

图4-2　由红黄蓝三原色推衍出的色相

图4-3　色彩的明度变化

图4-4　色彩的纯度变化

## 二、色彩的物理效应与心理效应

色彩有着丰富的含义和象征，人们对不同的色彩表现出不同的好恶，这种心理反应，常常是因人们生活经验以及由色彩引起的联想造成的，也和人的年龄、性格、素养、民族、习惯分不开。例如，看到红色，联想到太阳，万物生命之源，从而感到崇敬、伟大，也可以联想到血，感到不安、野蛮等；看到黄绿色，联想到植物发芽生长，感觉到春天的来临，于是把它代表青春、活力、希望、发展、和平等；看到黄色，似阳光普照大地，感到明朗、活跃、兴奋。色彩在心理上的物理效应，如冷热、远近、轻重、大小等；感情刺激，如兴奋、消沉、开朗、抑郁、动乱、镇静等；象征意象，如庄严、轻快、刚、柔、富丽、简朴等，被人们像魔法一样地用来创造心理空间，表现内心情绪，反映思想感情（表4-1）。

表4-1　色彩的心理效应

| | | | |
|---|---|---|---|
| 红橙色系 | 朱红（C0M100Y100K0） | 火焰、夕阳 | 燃烧、热情、愤怒 |
| | 浅橘色（C0M52Y50K0） | 黄昏 | 可爱、女性化 |
| | 深橘色（C0M100Y100K30） | 泥土 | 沉稳 |
| 橙色系 | 橙（C0M60Y100K0） | 橘子、阳光 | 能量、危险 |
| | 淡橙色（C0M9Y15K0） | 皮肤、花朵 | 柔软、朦胧 |
| | 亮橙色（C0M57Y95K0） | 盛夏的太阳 | 跃动 |
| | 浅橙色（C0M30Y50K0） | 水果 | 健康 |
| | 深橙色（C0M60Y100K30） | 红叶 | 熟练、成熟 |
| | 暗橙色（C0M70Y70K70） | 泥土 | 沉稳 |
| 黄色系 | 黄（C0M100Y0K0） | 阳光 | 明朗、快乐 |
| | 浅黄色（C0M10Y50K0） | 水果 | 悠闲、愉快 |
| | 柠檬黄（C0M0Y70K0） | 柠檬 | 光明、明快 |
| | 暗黄（C0M50Y100K60） | 泥土 | 沉静、寂寞 |
| 黄绿色系 | 黄绿色（C30M0Y100K0） | 嫩芽 | 新鲜、春天 |
| | 浅黄绿色（C22M0Y70K0） | 蔬菜 | 清新、不成熟 |
| | 暗黄绿（C0M0Y100K80） | 苔藓 | 厚重、朴素、 |
| 绿色系 | 绿（C100M0Y100K0） | 树叶 | 青春、希望 |
| | 淡绿（C15M0Y11K0） | 草原、风 | 年轻、新鲜 |
| | 浅绿（C50M0Y35K0） | 高原 | 朝气、健康 |
| | 暗绿（C100M0Y70K60） | 森林 | 丰富、神秘 |
| 蓝绿色系 | 蓝绿色（C100M0Y40K0） | 山峦 | 平和、自然 |
| | 浅蓝绿（C50M0Y20K0） | 海、天空 | 平稳 |
| | 深蓝绿（C100M0Y40K30） | 深海 | 神秘、丰富 |
| | 深蓝黄色（C100M51Y48K0） | 深海 | 阴郁、悲伤、失望 |
| 蓝色系 | 蓝（C100M50Y100K0） | 天空、宇宙 | 希望、广大 |
| | 淡蓝（C20M2Y0K0） | 水、天空 | 清爽、理想、清楚 |
| | 深蓝（C100M50Y0K30） | 海洋、天空 | 深远、沉静 |
| 蓝紫色系 | 蓝紫（C100M95Y0K0） | 桔梗 | 高贵 |
| | 淡蓝紫（C11M10Y0K0） | 天空、宝石 | 优雅 |
| 紫色系 | 紫（C90M100Y0K0） | 自然界中不存在 | 妖艳 |
| | 淡紫（C9M10Y0K0） | 花朵 | 温情、明快 |

图4-5　冷色空间给人以清凉感

### （一）温度感

色彩学中，把不同色相的色彩分为热色、冷色和温色。从红紫、红、橙、黄到黄绿色称为热色，以橙色为最热；从青紫、青至青绿色称为冷色，以青色为最冷。紫色是红与青色混合而成，绿色是黄与青混合而成。

因此，色彩和人类长期的感觉经验是一致的，如红色、黄色，让人联想到火热的太阳、燃烧的火苗等，感觉热；而青色、绿色，让人似看到江河湖海、草原、森林，感觉凉爽（图4-5）。

### （二）空间感

色彩可以使人感觉进退、凹凸、远近的不同，一般暖色系和明度高的色彩具有前进、凸出、接近的效果，而冷色系和明度较低的色彩则具有后退、凹进、远离的效果。在室内设计中，常利用色彩的这些特点去改变空间的大小和高低。例如，居室空间过高时，可用暖色减弱空旷感，提高亲切感；墙面过大时，宜采用收缩色；柱子过细时，宜用浅色；柱子过粗时，宜用深色，减弱粗笨之感（图4-6）。

图4-6　色彩的空间感

### （三）轻重感

色彩的重量感主要取决于明度和纯度，明度和纯度高的显得轻。通常在室内环境中，上轻下重的设计手法比较普遍（图4-7）。色彩轻重感的基本规律为：

● （重）黑>低明度>中明度>高明度>白（轻）；

● （重）高纯度>中纯度>低纯度（轻）。

### （四）尺度感

色彩对物体大小的作用，包括色相和明度两个因素。暖色和明度高的色彩具有扩散作用，因此物体显得大，而冷色和暗色则具有内聚作用，因此物体显得小。不同的明度和冷暖有时也通过对比作用显示出来，室内不同家具、物体的大小和整个室内空间的色彩处理有密切的关系，可以利用色彩来改变物体的尺度、体积和空间感，使室内各部分之间关系更为协调（图4-8）。

### （五）明快感与忧郁感

色彩明快感与忧郁感与明度和纯度有关。明度高而鲜艳的色彩具有明快感，深暗而混浊的色彩具有忧郁感；低明基调的配色易产生忧郁感，高明基调的配色易产生明快感；强对比色调有明快感，弱对比色调有忧郁感（图4-9）。

### （六）运动感与沉静感

色彩的运动感与沉静感，与色相、明度、纯度都有关，其中纯度的作用最为明显。在色相方面，凡是偏红、橙的暖色系具有兴奋感，凡属蓝、青的冷色系具有沉静感；在明度方面，明度高的色调具有运动感，明度低的色调具有沉静感；在纯度方面，纯度高的色调具有运动感，纯度低的色调具有沉静感。强对比的色调具有运动感，弱对比的色调具有沉静感（图4-10）。

## 三、居室空间色彩构成概要

### （一）作为大面积的色彩，对其他室内物件起衬托作用的背景色，主要用于空间界面的顶棚、墙、地板等（图4-11）

墙面色（背景色）：墙面在室内对创造室内气氛起支配作用，墙面暗时，即使照度高也使人感到较暗。暖色系的色彩能产生快活温暖的气氛，冷色系色彩会引起寒冷感觉，明快的中性色彩可引起人们明朗沉着的感觉。一般墙面色比天花色稍深，采用明亮的中间色，而不用白色和纯色，以加入些彩度很低、明度较高的淡色为佳。

图4-7　色彩的轻重感

图4-9　色彩的明快感

图4-8　色彩的尺度感

图4-10　色彩的运动感

图4-11　背景（墙面）色

图4-12　主体（家具）色

图4-13　强调色

（二）在背景色的衬托下，以在室内占有统治地位的家具为主体色（图4-12）

（三）作为室内重点装饰和点缀的面积小却非常突出的重点或强调色（图4-13）

以什么为背景、主体和重点，是色彩设计首先应考虑的问题。同时，不同色彩物体之间的相互关系形成了多层次的背景关系，如沙发以墙面为背景，沙发上的靠垫又以沙发为背景，这样，对靠垫说来，墙面是大背景，沙发是小背景或称第二背景。另外，在许多设计中，如墙面、地面，也不一定只是一种色彩，可能会交叉使用多种色彩，图形色彩和背景色也会相互转化，必须予以重视（图4-14、图4-15）。

图4-14　红色茶几强化空间活力感

图4-15　家具的色彩点缀了空间氛围

## 四、色彩在居室空间设计中的意义

●烘托空间情调和气氛；

●吸引或转移视线；

●调节空间的大小；

●连接相邻的空间。

当一个空间只有一个主体的色调时，往往给人比较平庸的效果，这时，如果在细部处理以丰富的色彩，便可以使画面变得活泼起来，烘托出空间的情调和气氛。同时也起到吸引和转移视线的作用（图4–16）。

图4–16　运用中国红调和空间气氛　作品：深圳香蜜湖III/设计师：梁志天

## 五、室内环境要素与色彩设计的关系

室内环境的四大构成元素为：材料、照明、色彩、空间形态。

最佳的室内环境设计是空间、照明、材料和色彩的和谐搭配，而色彩则是每项设计都不可或缺的组成部分。在它们之间存在着相互影响、相辅相成的关系，同样的色彩在不同的材料质感上、不同的光照条件下看起来完全不同。室内环境中的色彩设计是否成功并非只取决于色彩设计本身，而且要取决于色彩同室内环境中的照明、材料等其他要素之间的配合是否有效。因此，室内色彩与材料、照明等构成元素之间的关系是十分重要的（图4–17）。

图4–17　运用金色灯光活泼空间　作品：Agogo Clubhouse（会所）/设计师：谢英凯

### （一）材料色彩

随着科学技术的发展，当代建筑材料领域发生了革命性的变化。首先，建筑材料的种类越来越多。除了直接从自然中取得的天然材料，如木、砖、石等之外，还能制造出种类繁多的人造材料，如金属、玻璃、塑料、瓷砖等。其次，在材料的色彩方面，固有色彩随着染料生产技术的提高，可供选择的涂料越来越多。色彩的运用不再受到材料的束缚，在居室空间中进行色彩设计的时候，既可以利用材料本来的色彩，又可以直接选用那些具有令人满意的色彩的人造材料，还可以通过在材料表面涂刷染料来获得想要的色彩，巧妙运用色彩和材料的分离与结合可以取得丰富的视觉效果（图4-18）。

图4-18　材料质感与色彩肌理的结合
资料来源：《室内设计与装修》2000/（1）

熟悉各种自然材料的色彩属性成为合理运用材质的关键。色彩与材质有着相互影响的作用，同一种色彩用在不同的材质上，所产生的效果是大不相同的。如光滑的材料表面因反光能力强，使色彩不够稳定，但明度较高；粗糙表面反光能力弱，因而色彩稳定，看上去比光滑表面的色彩浓烈。再如壁纸柔和的淡黄色与刷在墙面上的油漆的黄色，给予人的感受是完全不一样的。同一种材质施以不同的色彩也会有不同的效果。如羊毛织物有温暖感，但做成白色则产生冷漠的感觉；又如木质家具刷上透明漆，呈现的木质本色使人感觉柔和、舒适，而刷上深色漆则给人以坚硬的感觉。正确地用色与选材，使色彩与材质的质感互相协调配合，共同创造出室内环境的美感，这就是色彩构成与室内设计的完美组合（图4-19）。

图4-19　色彩与材质的相互影响

### （二）照明与色彩设计

色彩与光源在室内设计中有着密切的联系。随着现代灯具制作技术的提高和室内采光设计的变革，利用光源和色彩来营造空间气氛的手法得到设计师的广泛应用。

室内光源分为自然光源和人工光源两大类。自然光源主要由于投射方式的不同和自然条件的影响而产生不同的光线色彩和效果。比如天气晴朗，光源呈现出自然的暖色，使得各个形体都罩上淡黄色光晕，产生温暖明亮的效果；天气阴霾，光源呈现冷灰色调，使得空间氛围表现出静谧、灰暗的效果。人工光源的品种繁多，光源的多样化给室内环境增添了无穷的魅力，设计师善于利用多变的光源色彩这一元素，使得灯光冷暖交汇，明暗交替，极大地提升和丰富了室内空间的梦幻效果（图4–20）。

色彩对光线的调节有显著的效果。主要体现在各种色彩的反射率不尽相同这一特性上，色彩的反射率取决于色彩的明度，明度越高，反射率越高，反之亦然。比如，室内空间昏暗狭小，采光条件差，可采用白色或明度高的色彩作为主调，提高反射率，扩大空间感觉；如果空间过于空旷，并且光线刺眼，可采用明度低的色彩作为设计主调，降低光源的发射率，以此改善室内环境。通过有效地调节色彩与光源的关系，达到室内环境空间的和谐（图4–21）。

当一个房间出现较多的内容和色彩，比较难于控制时，可以使用有颜色的灯光来进行整体氛围的统一。灯光一方面会使整体色彩覆盖上一层统一的色彩，另一方面也会摒弃掉与光源不统一的色彩，从而使整体的空间形成一个统一的氛围（图4–22）。

图4–20　光色巧妙运用　作品：婚宴会馆/设计师：邱德光

图4-21　色彩与光源漫反射

图4-22　运用光照统一色调

## 六、居室空间色彩设计原则

### （一）充分考虑功能和精神的需求

室内色彩主要应满足功能和精神要求，使人们感到舒适。在功能要求方面，首先应认真分析每一空间的使用性质，如儿童的居室可采用高明度色彩，营造活泼、可爱的空间氛围；老年人的居室采用低纯度色彩，营造柔和、宁静的空间氛围；新婚夫妇的居室采用高纯度色彩，营造喜庆、浪漫、欢快的空间氛围。小空间可采用浅色调，大空间在色彩选择上可以更为灵活一些，由于使用对象不同或使用功能有明显区别，空间色彩的设计就必须有所区别（图4-23）。

图4-23　儿童房（男、女孩）

图4-24　金黄色主调

图4-25　绿色主调

### （二）力求符合空间构图需要

室内色彩配置必须符合空间构图原则，充分发挥室内色彩对空间的美化作用，正确处理协调与对比、统一与变化、主体与背景的关系。色彩的统一与变化，是色彩构图的基本原则。所采取的一切方法，均为达到此目的而做出的选择。应着重考虑以下要素：

1. 主调

在室内色彩设计时，首先要定好空间色彩的主色调。室内色彩应有主调或基调，冷暖、性格、气氛都通过主调来体现。对于规模较大的建筑，主调更应贯穿整个建筑空间，在此基础上再考虑局部的、不同部位的适当变化，主调的选择是一个决定性的步骤。

在一个设计中，主调的选择是重中之重，而整个设计方案主调的选择都要围绕一定的主题来进行。而主题的选择又必须与业主要求的主题贴切，甚至一致，即选择什么样的主题表现客户的内在品质和愿望，然后确定用什么样的主调来满足主题的表达；希望通过色彩达到怎样的感受，是典雅还是华丽，安静还是活跃，纯朴还是奢华……像现代简约风格的居室空间用白色作为基调色，黑色作为配合色，显得十分时尚、简单、明快。地中海风格以蓝色为主色调突出大海的感觉；田园自然风格多用绿色为主色调突出自然的气息、田园的芬芳。这些颜色就是基调色和配合色，占设计效果的中心和最大面积的背景。总之，主调色彩就是为增加整体统一感而将色彩、形状、质感等因素统一起来的时尚色彩（图4-24、图4-25）。

2. 大部位色彩的统一协调

主调确定以后，就应考虑色彩的施色部位及其比例分配。作为主色调，一般应占有较大比例，而次色调作为与主调色协调的色彩，只占较小的比例；然而两种色调通过色彩的布置形成一种类似音律的节奏连续性，这种律动感不一定要用在大范围的主色调上，也可以用于小面积的、位置比较接近的地方或物体上。比如：在一张床、几个靠垫、一组床头柜、壁画或灯具、装饰瓶之间，都有相同的色系在相互联系。这时，空间与物体之间建立了一种关系，这是一种和谐的、有凝聚力的关系。就像这些东西就应该出现在这里，像大自然中的花、草、树木一样和谐自然。而那些壁画、装饰瓶、床头柜等，就是整个乐章中跳动的音符，给整体带来了变化，却使得整体更加和谐统一了。

色彩的统一，还可以通过材料的选用来体现。例如可以在家居装修中大面积地使用木质材料装饰地面、墙面、顶棚、家具等，也可以用颜色、材质一致的蒙面织物来装饰墙面、窗帘、家具等方面。某些家具设备，像花卉盛具和某些陈设品等，还可以采用套装的办法，来获得材料的统一（图4–26）。

图4–26　色调统一协调

3. *在局部变化中达到统一，加强色彩的魅力*

背景色、主体色、强调色三者之间的色彩关系不是孤立的、固定的。需要有明确的图底关系、层次关系和视觉中心，需要用色彩的重复或呼应布置成有节奏的连续，需要运用对比色彩等方法处理，才能达到丰富多彩的效果。应从以下的几个方面来考虑：

（1）色彩对比应用

用强烈的对比来加强色彩之间的相互关系。色彩对比的应用有点化主题的作用。通过对比，色彩会显得更加的艳丽，其他的颜色就会相对的暗化。常用的色彩对比搭配方法有：色相对比、补色对比、明度对比、无彩色对比、彩度对比、彩色与非彩色对比等。色彩对比的目的就是为了加强色彩的变化，达到室内的统一和协调（图4–27）。

图4–27　冷色与暖色对比

（2）色彩相互呼应

色彩相互呼应指将同一种色彩，同时应用到

图4-28　色彩相互呼应

几个不同的部位上去，从而使该色彩成为室内主题色调产生变化的关键色。例如，可以用统一顶棚、地面的色彩来突出墙面、家具；用统一墙面、地面的色彩来突出顶棚、家具；用统一顶棚、地面、墙面的色彩来突出家具；或者当吊顶、墙面、家具都是同一色调，我们可以用墙面上的画、酒柜里的酒、书柜里的书、桌上的摆设、座位上的靠垫、灯具、花卉等来体现整体色彩中的局部变化（图4-28）。

4. 利用室内色彩，改善空间效果

充分利用色彩的物理性能和色彩对人心理的影响，可在一定程度上改变空间尺度、比例、分隔、渗透空间，改善空间效果。例如居室空间过高时，可用暖色，减弱空旷感，提高亲切感；墙面过大时，宜采用收缩色；柱子过细时，宜用浅色；柱子过粗时，宜用深色，减弱粗笨之感。

5. 结合色彩心理学，以光与色彩的相互配合，营造理想的光环境

常用的灯光有冷有暖，可以利用它来调节人们对室内光色的感觉。用低色温光线能得到温暖柔和的气氛，可以加强室内材料、布料、地毯等的柔软感觉。南方炎热地区可采用白炽灯、暖白色荧光灯等低色温光源，并随照度增高而增加白色光。有时为了加强空间效果，丰富与改善造型的某些要求，可利用光的变化分布来创造各种视觉效果。比如在室内正中装一只暖色调的白炽灯，再加上一个造型美观的乳白色半透明玻璃罩，它发出的光线就温暖、明朗、平和、恬静，给人以高雅、清新的感觉；如果把偏冷色调的白光灯，采用暗灯形式作反射照明处理，可使低矮房间或小房间显得敞亮、开阔，给居室增添无限的情趣和许多意想不到的艺术效果。家庭室内灯光多以暖色调为主，以满足安心与温暖的心理特点的要求（表4-2）。

表4-2　光色与人的心理感受

| 光色 | 积极的心理感觉 | 消极的心理感觉 |
|---|---|---|
| 白色光 | 清新、自然、典雅、现代 | 冷、空虚、不温馨 |
| 红色光 | 热烈、喜庆 | 艳俗 |
| 黄色光 | 富丽、金碧辉煌 | — |
| 蓝色、紫色光 | 幽静、优雅、浪漫 | 阴森、恐怖 |
| 绿色光 | 生机勃勃 | 阴森、恐怖 |
| 暖黄色光 | 温暖、古典、亲切、怀旧 | 浑沌 |
| 黄色光＋紫色光 | 高贵、神秘、距离感 | 不温馨 |
| 绿色光＋紫色光 | 华丽、幽静 | 阴森、恐怖 |

图4-29　浅色调效果

小房间：狭小空间要选用乳白色、米色、天蓝色，再配以浅色窗帘，可使房间显得宽阔（图4-29）。

书房：黄色灯光的灯饰比较适合放在书房里，黄色的灯光可以营造一种广阔的感觉，可以振奋精神，提高学习效率，有利于消除和减轻眼睛疲劳（图4-30）。

图4-30　暖色调的书房

客厅：可采用鲜亮明快的灯光设计。由于客厅是公共区域，所以需要烘托出一种友好、亲切的气氛，颜色要丰富、有层次、有意境（图4-31）。

餐厅：多采用黄色、橙色的灯光，因为黄色、橙色能刺激食欲（图4-32）。

卧室：灯光设计要温暖、柔和，烘托出浪漫的情调（图4-33）。

图4-32　暖黄色调的餐厅

图4-31　色彩明快的客厅

图4-33　温馨的卧室

## 七、室内色彩与空间表现实例分析

### （一）同类色搭配

同一色相的色彩进行变化统一形成不同明暗层次的色彩，是利用明度变化来配色的。同类色的搭配给人以和谐的感觉（图4–34）。

图4–34 同类色搭配

### （二）类似色搭配

色相环上相邻色的变化统一，如红和橙、蓝和紫等类似色的搭配给人以融合的感觉，可构成平静而又有一些变化的色彩效果（图4–35）。

图4–35 类似色搭配

### （三）对比色搭配

补色及接近补色的对比色配合，明度与纯度都相差较大，如红与绿、黄与紫、蓝与橙等对比色的搭配给人以强烈、鲜明的印象（图4-36）。

图4-36　对比色搭配

### （四）无彩色搭配

通常把黑、白、灰称为无彩色，灰色介于黑白色之间，在室内设计中黑白灰的搭配是设计界永远的主题，这三种色彩散发着无穷的艺术魅力，设计师常常能在这三色之中表现出居室雅致又不缺乏活泼的气氛，表现出简单干净，衍生出冷静、孤高、和谐等，设计出一个又一个精彩的居室空间。在实际设计中黑白灰虽然是色彩搭配最常用的，但使用比例要合理，分配要协调，通常有主次之分。大面积的黑色会让人感到沉重，大面积的白色则会让人感到苍白，此时不妨用灰色来过渡，它会让空间显得更为和谐。整个空间黑白灰三色的面积所占比例约为黑色10%、灰色20%、白色70%，做到比例分配合理，这样的效果显得鲜明、干净，简洁干练，空间较为和谐（图4-37）。

图4-37　无彩色搭配

# 第五章　居住空间设计风格

居住空间设计风格是经过长期演变的结果，由于不同时代的人文思想和地理环境特点，居住设计在一定历史时期和地理范围内，形成了较为一致的风格趋向和整体特征，它与当地人文因素和自然条件结合密切。大致分为中式风格、欧式风格、地中海风格、东南亚风格、现代简约风格等。

## 一、中式风格

中式风格包括中式古典风格和新中式风格两大类。

中式古典风格是在室内布置、线型、色调以及家具、陈设的造型等方面，吸取中国传统装饰"形"、"神"的意象特征。例如，吸取中国传统的室内藻井天棚、屏风、隔扇、挂落、雀替等的构成和装饰特点，以及采用明、清家具造型和款式特征等，运用对称的空间布局手法，营造一种稳重端庄、宁静雅致的居住空间氛围（图5-1）。

图5-1　中式古典风格

新中式风格，是指中式现代风格。它是以中国传统文化作为背景，采用中式传统风格元素结合现代时尚元素，利用新时代的施工技术与材料，创造出适合时代的风格空间。这种极富中国浪漫情调的生活空间，宣扬浓郁的东方文化之美，弥补了传统风格的不足，兼具典雅、舒适、时尚的人文特征，很好地融合了传统和现代，使其相互渗透，不仅满足了东方人的传统文化情结，也与现代时尚风格结合起来（图5-2）。

图5-2　新中式风格

## （一）发展历史

中式古典风格历史悠久，到明清时期达到鼎盛。而对于新中式风格的探索则在20世纪初开始。由于受到中国近代文化思潮“中学为体，西学为用”的影响，西方建筑风格由沿海城市的外国租界地向中国内陆袭来，中国近现代的室内设计开始了第一次民族形式的探索。20世纪30年代，梁思成等一批外国留学生回国后，便投入到对建筑民族化风格的探索之中。新中式风格的室内设计也就伴随着建筑民族化之风应运而生。20世纪50、60年代，我国又开始了新一轮的民族形式的探索。20世纪90年代，民族风格的室内设计才走上了迅猛发展的道路。伴随着新观念、新材料的出现，民族风格的室内设计在现代设计中成为影响室内设计风格的主要形态之一。

## （二）设计元素

### 1.建筑元素

建筑装修中，外檐装修主要指室外有栏杆的走廊、檐下有挂落和对外的门窗等；内檐装修包括隔断、罩、天花、藻井等。装修中的常见内容有板门、隔扇门、罩、槛窗、直棂窗、漏窗、支摘窗等（图5-3）。

图5-3　建筑装修元素

2.装饰元素

色彩：中式建筑色彩受传统文化影响，宫殿建筑一般采用红色墙体、红柱、金黄的琉璃瓦和青绿彩画，与青灰色的民居不同，显示出等级差别。

图案：装饰图案主要为中国传统文化中的祥瑞文化，表达祈福与吉祥之意，以祥瑞图案、吉祥图案或者传统经典故事为装饰图案的主要内容。

家具与陈设：中式古典风格在室内家具与陈设方面，因时代变迁有很大演变。

●家具：主要有床、桌、椅、凳、几、案、柜、屏风等，材料主要为木材，紫檀、楠木、花梨、胡桃等贵重硬木是传统首选家具，并配以大理石、藤、竹、树根制作（图5-4）。

●陈设：中式风格的陈设主要为字画、匾额、对联、挂屏、摆设等。装饰精美的字画外形丰富，有矩形、条形、手卷形、叶形、扇形等。中国字画装潢华丽典雅，墨、金、石绿、朱砂印章等构成画面。字画装饰还可以制作成玉、贝、大理石的挂屏用以悬挂，或者在桌子、几案上摆放大理石屏、盆景、瓷器、古玩等。

图5-4　中式家具

3.设计方法

中式风格家装体现中国传统文化和思想，在满足使用功能外，还追求闲适的诗意境界。中式风格主要设计方法有以下：

（1）保留传统元素

尊重传统经典元素，将其灵活运用在现代设计中。老家具、老空间、老材料、老装饰、老色彩，可以表达出对中国传统文化的尊重，表现中国传统文化的意味。

广泛运用木式家具、老建筑构架，以及诸如木头、竹子、毛石、黄石、砂岩、粗陶、紫砂、青砖等古老的材料，将古老的建筑构件、宗教构件（佛像、唐卡、宗教器具）、书画、乐器等综合起来灵活运用。传统色彩主要有红、黄、金、绿、蓝等色，各种木、竹原色，以及粟色、黑色、棕黄色、棕灰色、白色等民间色彩（图5-5、图5-6）。

图5-5　保留传统元素
作品：珠海市岭南世家样板房/设计师：唐锦同

图5-6　保留传统元素　　福州云母天郎别墅

（2）中西结合

中西结合的手法主要有：中式陈设、家具与西式格局结合，中式装饰样式与西式格局结合，中式意蕴与西式格局结合，以及中西合璧等形式。

保留中式传统的陈设和家具，结合西式的空间格局，使人既可以享受到现代生活的舒适便利，也可以感受中式文化氛围。或者在西式的空间格局中采用中式的装饰样式，或者在满足西式功能下加入中国元素，以中式的构图、材料、色彩，呈现中式的意蕴（图5-7）。

图5-7　中式家具、装饰样式与西式格局结合
作品：山东济南中齐他山别墅/设计师：戴勇

（3）园林手法

将中国传统的园林造景手法运用在室内设计中，使画面呈现独特的天人合一的意境，这是中国文人化的情致和意蕴。将自然景观，如山石、花卉植物、水景等引入室内，创造自然和人文环境相融合的情景，为室内空间营造天人合一的环境气氛（图5-8）。

（4）变形手法

如何使传统形式和现代实用功能完美结合，需要在形式上变形，提取恰当的图案元素和形式元素，不仅满足新时代家居的功能，还应创造出新的中式家居意境。这种变形的方法主要有：改变位置或者材料、旧功能新形式、简化形式、创造梦幻诗意的空间等（图5-9、图5-10）。

图5-8　中式室内园林　作品：珠海市岭南世家样板房/设计师：唐锦同

图5-9　简化造型　作品：印象·空间/设计师：施旭东

图5-10　旧材料新形式　作品：印象·空间/设计师：施旭东

## 二、欧式风格

### （一）发展历史

欧式建筑与室内设计风格起源于古希腊罗马时代，经历了由希腊风格、罗马风格、哥特风格、文艺复兴风格、巴洛克风格到洛可可风格的漫长历程。

### （二）设计元素

1.希腊罗马元素

古希腊和古罗马的柱式是欧洲古典柱式的源头，希腊的三大柱式多立克柱式、爱奥尼柱式、科林斯柱式和罗马的五大柱式多立克柱式、爱奥尼柱式、科林斯柱式、塔司干柱式、复合柱式，成为后来欧式建筑的重要元素（图5–11）。

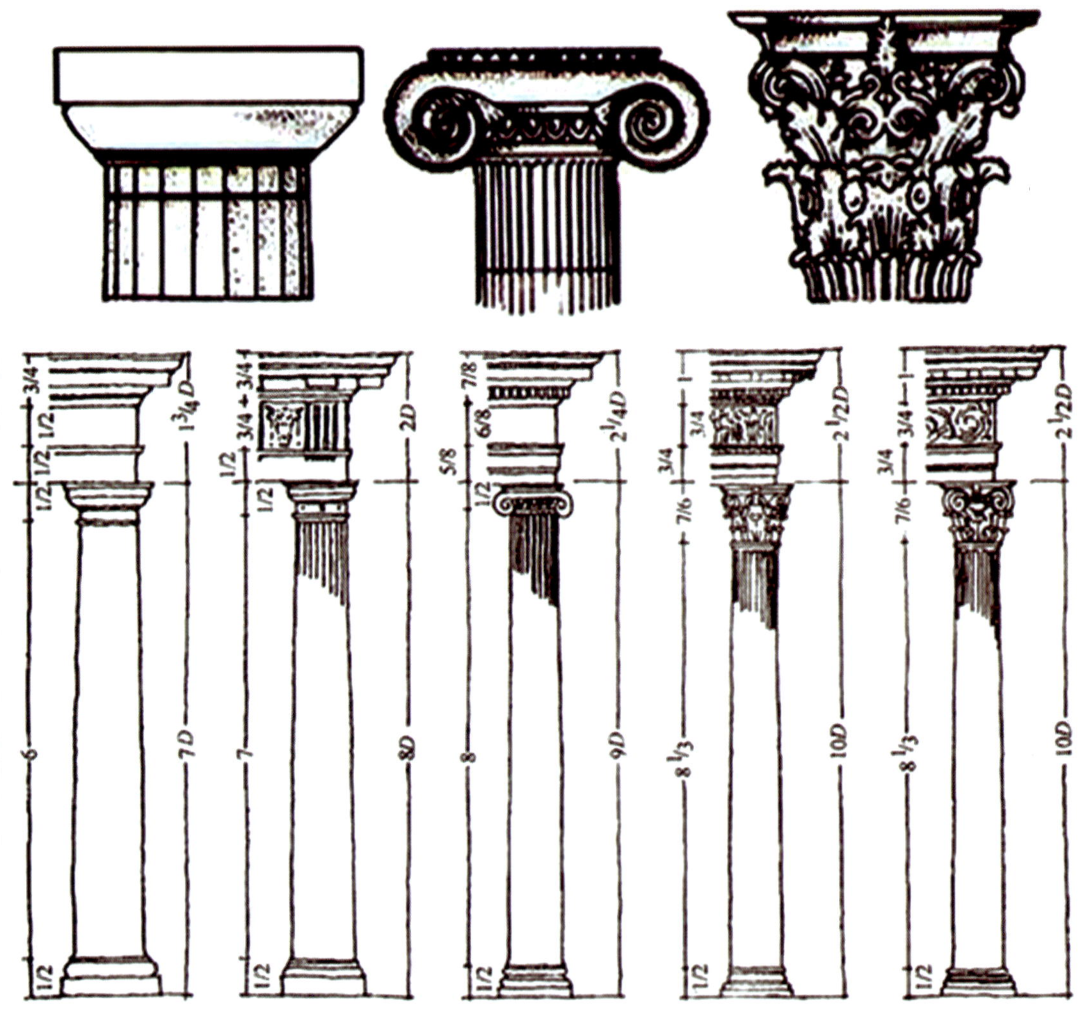

图5–11　希腊罗马欧式柱体

2.哥特元素

哥特元素的特点是：

①高耸而垂直的线条：哥特建筑大多数是教堂，其建筑形式的革新在于：用尖拱形取代了所有的罗马式半圆拱形。原先厚重阴暗的印象转变成轻快上升的线条，变为以高、直、尖和具有强烈向上动势为特征的造型风格，使其与宗教庄严神圣的意旨取得一致，是教会的弃绝尘寰的宗教思想的体现（图5-12）。

图5-12　哥特教堂

②空灵的结构之美：由骨架券、二圆心尖券、尖券组合的空间框架，不仅具有实用上的亮化室内、支撑结构的作用，还具有装饰美化作用和神圣的宗教精神象征意义。哥特装饰图案采用象征与隐喻，体现宗教意义。建筑结构中采用十字形结构，玫瑰花窗与钻石形的花瓣，象征玫瑰与极乐世界。浮雕整体庞大，又极其繁密，制造出令人目眩神迷的天国氛围；门洞的尖券逐层内凹，形成透视门，改变了墙体厚实、笨重的形象，显示出灵动的魅力（图5-13）。

图5-13　哥特教堂

3.文艺复兴时期的建筑元素

以古希腊古罗马的柱式、古希腊的山花与罗马的拱券为特征，但与古希腊不同，文艺复兴时期山花和拱券一般不会单独用于一栋建筑，而是改变手法，移植和多变；拒绝使用代表着神权意义的二圆心尖券，主要使用罗马时代的半圆拱券，并在墙角采用隅石装饰。

该建筑元素的特点是山花、拱券与柱式相组合。文艺复兴时期进一步发展出山花、拱券与柱式相组合的方法，券柱式、壁柱与山花和帕拉第奥母题成为常用的组合形式。其中，帕拉第奥母题是由建筑师帕拉第奥创造的一种新的建筑形式，处理较大的开间与较矮的层高立面时，巧妙地运用券柱式与壁柱相结合的手法，双柱拉大开间，双柱之间的圆形洞口增加开敞度，并显示出跳动感（图5-14）。

图5-14　帕拉第奥母题拱廊

4.巴洛克元素

公元17—18世纪在意大利文艺复兴基础上发展的巴洛克风格，更加自由奔放、动感十足，是富丽豪华型装饰的代表，常用穿插的曲面和椭圆形空间。

巴洛克元素的特点是：

①戏剧化的效果：巴洛克风格追求戏剧化的室内装饰效果，表现出一种内部张力。常用手段为：扭曲线条与断裂的构件基础上，加以复杂的线脚装饰。巴洛克建筑从椭圆与不规则的平面形式寻找曲线的动感之美，复杂的拱券组合、旋涡形、折线形弯弯曲曲，显示出神秘、华美、幻化之感。断裂手法常用在山花的顶部制作缺口，或者嵌入图案、匾额和雕花，有时候又采用两三个山花套叠的手法。避免直角的线脚装饰，采用形式多样的带饰、雕刻与绘画，来增加复杂感和多样性，减少面面相接的简单处理手法（图5-15）。

图5-15　巴洛克风格建筑

②复杂多变的空间：打破文艺复兴时期的静态的空间构图形式，创造出跳跃、曲折的动态空间。具体表现为以双柱替代单柱、拱券与穹顶上雕刻有繁复的纹饰。飞舞的天使和繁密的植物藤蔓雕刻出多变的形体，创造出一个奇异的天国世界（图5-16）。

③室内光影：追求神秘梦幻感，不规则的平面、凹凸有致的造型、镜面玻璃等反光材料、复杂华丽的灯具、光亮丝滑的帷幔织物，营造出奇妙的光影效果（图5-17）。

④色彩方面：追求华丽、强对比、热闹非凡，绘画构图追求动感，极为夸张，有透视感（图5-18）。

图5-16　复杂多变的顶棚

图5-17　梦幻般的室内光影

图5-18　富丽堂皇的装饰色彩

5.洛可可元素

洛可可风格起源于18世纪的法国路易十四时代晚期，流行于路易十五时代。其风格纤巧、精致、浮华、烦琐，室内装饰和家具造型上喜爱贝壳纹样、苕莨叶锯齿状叶、C形、S形和涡旋状曲线，追求非对称、动感、自由、纤细、纤巧、繁复的样式（图5-19）。

洛可可元素的特点是：

①细巧的线条：与巴洛克风格相反，不求强烈的体积感，追求细致、柔弱的、薄薄的线条，往往以镶板和镜子替代巴洛克的壁柱。

②门窗的上槛、镜子和边框的线脚尽量采用多变的曲线，转角上采用涡卷、花草或者璎珞图案的浮雕，墙面多用单色的木质镶板而不是大理石，显得富有亲切感。

③光滑精致的质感：洛可可风格也同样追求室内光华四射的贵族气息，但要求更加细腻与精致，陈设饰品要求晶莹、透明，或者银光闪闪，或者金光烁烁。以纤细而脆弱的C形或者S形曲线，镀金的枝叶装饰的镜框、玻璃镜面的反光、繁杂装饰的水晶吊灯、家具上的镶嵌螺钿、光滑的瓷器、闪光的绸缎帷幔、华贵的大理石壁炉等，形成一个摇曳迷离的梦幻空间。

④粉彩与重色对比：洛可可风格通常采用女性化的色彩，如同中国的粉彩瓷器的色彩，金、白、浅绿、淡蓝、粉红等装饰墙面，显得柔和、优雅（图5-20）。

图5-19　洛可可建筑造型特点

图5-20　凡尔赛宫内顶装饰

### （三）设计方法

对于经典的古典元素，不能生搬硬套地“拿来”，而要灵活运用。具体方法有以下几种：

1. 直接引用

任何人也无法复制古人的技术、材料与施工，无法绝对地模仿古人的建筑样式，在适当的空间、以适当的形式借鉴和引用古典元素，使其符合现代生活方式与功能（图5–21）。

2. 对比应用

采用将古典元素与现代元素相并存的方式，制造一种强烈对比的效果，是另一种设计手法。对比引用需要两个方面：一是两种形式采用一种构图手法与美学元素；二是要创造一种优雅、和谐的新古典主义风格的整体空间效果（图5–22）。

图5–21 洛可可设计风格
梵豪森五宅样品房·罗马印象

图5–22 洛可可设计风格

## 三、地中海风格

地中海位于亚、非、欧三大洲的交界处，海域中的南欧三大半岛及西西里岛、撒丁岛、科西嘉岛等岛屿，将地中海分成利古里亚海、第勒尼安海、亚得利亚海、伊奥尼亚海和爱琴海，沿岸共有19个国家。这些国家漫长的海岸线孕育了别具特色的海洋建筑艺术特色，这一风格不仅具有相近的海洋地域特征，同时又融合了各自不同的自然环境、民族文化元素，形成一种混搭风格。

### （一）发展历史

地中海地区，是西方宗教、哲学、科学的发源地，犹太教、基督教、伊斯兰教皆出于此，充满了历史上的各种文化色彩，是一种融合的建筑文化形态。地中海风格又因地各异，可以分为希腊地中海风格、西班牙地中海风格、南意大利风格、法国地中海风格、北非地中海风格。

地中海建筑艺术自然朴实，富有浪漫气息，深受青年人喜爱。室内设计闲适、舒适，有以下特点：建筑有着浑圆的曲线，墙体厚实，门窗相对较为狭窄，往往有平台形成的露台。由于历史上横贯北非、西班牙、西西里岛的摩尔文化将波斯色彩带到地中海，因此，伊斯兰教建筑风格是主要特色，拱券形成的连廊、壁画、壁龛等伊斯兰教建筑装饰样式充斥在地中海风格中。摩洛哥、突尼斯以及一些北非国家，也往往采用本土特色岩石、泥土装饰室内。外墙装饰多用本土泥质色彩：赭石色、棕土色、赤土色和土黄色。

### （二）设计元素

1.墙面与隔断

在室内设置壁龛，装饰豪华的壁画，采用空透性较强的矮墙、半墙作为隔断，方形、圆形、拱券形的门洞、墙面多采用马赛克镶嵌、拼贴。

2.门窗

厚实的木制门窗，色彩主要为蓝色、灰蓝色、灰绿色、褐色或者较深的原木色是地中海风格的主要特点。门窗形式主要为方窗、花窗、圆拱窗、火焰券、圆拱门、百叶门窗、木板门、门套线是常见形式（图5–23）。

3.地面和楼梯

地中海风格的客厅和餐厅地面使用花砖拼砌成围边，或者与地砖组成几何图案。华丽而古朴的仿古砖、透气性好的陶砖、黑白棋盘格做成的釉面砖及手工编织的地毯作为铺装。楼梯一般采用厚木板或者瓷砖，栏杆有时是矮墙，有时采用铁艺（图5–24）。

4.家具

地中海式的家具色彩淳朴，线条简单浑圆，色彩主要有黄、蓝紫和绿色，与本土景观色彩浑然一体（图5–25）。

开敞的吊柜、隐藏在实木组合橱柜中的现代电器巧妙和谐。透气性好的百叶门被广泛用在橱柜上。铁艺床是地中海风格的标志性卧具，纱帐、棉质的帷幔浪漫而清新。桌椅则讲求结实耐用，室内外都流行实木的长桌椅以及休闲扶手椅，这一切都透出自然、闲适的味道。

5.色彩

地中海风格装修，在色彩搭配上具有很明显的特征。大致有两种配色方式：

（1）黄、蓝、绿与白调子

南意大利和南法国影响到了室内外设计色调。南意大利向日葵的金黄和南法国薰衣草的蓝紫相映，十分自然。

来自西班牙、摩洛哥海岸延伸到地中海的东岸希腊的建筑风格成为地中海风格的重要特色，也是伊斯兰教的主色调。白色村庄与沙滩、碧海、蓝天连成一片，甚至门框、窗户、椅面都是蓝与白的配色，加上混着贝壳和细沙的墙面、小鹅卵石地、拼贴马赛克、金银铁的金属器皿，将蓝与白不同程度的对比与组合发挥到极致（图5-26）。

图5-23　地中海风格的门窗

图5-24　地中海风格的地面与楼梯

图5-25　地中海设计风格
作品：深圳大东城/设计师：潘旭强、潘冬东

图5-26　地中海风格的色彩
作品：深圳大东城/设计师：潘旭强、潘冬东

图5-27　地中海风格的色彩
设计师：罗卫锋

（2）土黄及红褐

北非沙漠、岩石、泥、沙等天然景观颜色，再辅以北非土生植物的深红、靛蓝，加上黄铜，带来一种大地般的浩瀚感觉（图5-27）。

## 四、东南亚风格

### （一）地理范围

东南亚风格是指东南亚民族岛屿形成的具有强烈本土特色和文化品位的设计风格。东南亚国家主要有越南、老挝、柬埔寨、缅甸、泰国、马来西亚、新加坡、印度尼西亚、菲律宾、文莱和东帝汶等11个国家。

### （二）发展历史

这些国家大多处于海洋环境中，由于历史上有大量移民的进入且深受中世纪以来阿拉伯文化和西方殖民文化的影响，建筑和装修方面形成了多元化的殖民地风格，主要有两种移民特征：一种是糅合浓烈的中国风，一种是搀杂着欧式。此外，由于大多数国家笃信藏传佛教，其建筑和装修风格有一种独有的神圣、清雅和神秘的氛围。东南亚风格是东西文化融合的结晶，具有注重细节和软装饰、喜欢通过对比达到强烈效果的特点。

### （三）设计元素

木石结构、砂岩装饰、墙纸的运用、浮雕、木梁、漏窗，都是东南亚传统风格的主要元素。

1. 崇尚自然，喜爱天然用材

东南亚地区地处多雨富饶的热带，地形又以岛屿、山地为主，因家居产品可就地取材的缘故，广泛地运用木材和其他的天然原材料，以天然的木头、藤、陶罐、石材为主，木材、藤和竹子是室内装饰的首选。其中，柚木家具最具特色。装饰突出了原藤木与原木的内在质地色彩，或者多为褐色等深色系；墙面装饰也非常注意体现泥土的质朴、自然、粗犷的效果，鹅卵石铺就的墙面与地面十分常见，配以棕榈叶图案的壁纸或纹理质感突出的和风壁纸。家具设计抛弃了复杂的装饰线条，而以简单整洁为主（图5-28）。

图5-29 东南亚风格色彩 作品：凰樵圣堡样板间/设计师：陈颖

2.色彩搭配香艳、神秘、高贵

色彩对比是东南亚家居搭配的一大特色，由于配合得当，善用色彩，整体效果并不杂乱，而是层次分明、有主有次。朴实的家具样式与材质，加上绚烂与华丽的软装饰，十分炫目适宜（图5-29、图5-30）。

色彩主要以宗教色彩浓郁的深色系为主，如深棕色、黑珠色、褐色、金色等，令人感觉沉稳大气，同时还有鲜艳的陶红和黄色等。以柚木为代表的天然材质颜色深沉。整个东南亚风格装修中以芥末黄和橙色为主色调，其次为浓艳的橘红色、黄色、神秘的紫色、明丽的绿色、蓝绿色。深木色的家具、绿色和紫色的布艺、抢眼的金色配饰，是东南亚风格的常见手法。同时，东南亚风格由于受西式设计风格影响，也用一些浅色系，如珍珠色、奶白色等（图5-31）。

图5-30 东南亚风格色彩 作品：凰樵圣堡样板间/设计师：陈颖

图5-28 东南亚风格 作品：凰樵圣堡样板间/设计师：陈颖

图5-31 东南亚风格色彩 作品：恋上东南亚/设计师：严建中

3. 富有禅意的手工配饰

东南亚地区深受藏传佛教文化的影响，装饰品形状和图案多与宗教、神话有关。芭蕉叶、大象、菩提树、莲花等是主要装饰图案。富有特色的手工制品，如各种藤编、草编、竹制、木质、椰壳、棕榈叶的配饰品摆放在家中，透出宗教禅意。印尼的木雕，泰国的锡器常用作重点装饰，蒲草、独木舟造型的配饰、铜制灯具是东南亚风格的代表元素。

4. 独特的具有民族特性的家具

东南亚风格的家具自然淳朴，藤、麻、海草和椰子壳等都是东南亚家具的材质构成元素，其原木肌理、色泽，蕴含着深层的本土文化意境。家具具有斜面和曲面的民族形态特征，直与曲对比是东南亚家具的设计手法（图5-32）。

图5-32 东南亚风格家具与配饰 作品：凰樵圣堡样板间/设计师：陈颖

## 五、现代简约风格

### （一）发展历史

现代风格起源于现代主义风格理念。20世纪初，德国魏玛的包豪斯学校所提倡的现代主义，也称功能主义观念，是工业社会的产物。而简约风格是现代风格发展的一个分支、代表性流派。现代风格的初衷是创造一个能使艺术家接受现代生产最省力的环境——机器大生产时代的机械化环境。主张用工业化的崭新成就为大众服务，运用工业时代的技术美学思想实现室内装饰的革命。现代主义者认为适合流水线生产的家具造型和灯具造型必须在新时代中派上用场，绝大多数室内用品或装饰品即灯具、家具等都是工厂生产的工业产品。这些工业产品必须摆脱古老的手工艺时代的装饰手法，成为新时代室内装饰的主角。以功能为主的设计理念强调结构本身的美感，这种观念的极致就是简约风格。即将设计的元素、色彩、照明、原材料简化到最少的程度，但对色彩、材料的质感要求很高。追求以少胜多、以简胜繁的设计感，简约的空间设计通常非常含蓄和精致。

图5-33　现代简约设计风格客厅
作品：东方玫瑰花园/设计师：古文敏

### （二）设计元素

现代简约风格的形式追随功能，注重空间的实用性，反对虚伪的过度装饰，注重居住要求和身体健康的“洁净精神”，生产与美学并重。

①简洁的造型、金属灯罩、玻璃灯、高纯度色彩、线条简洁的家具、到位的软装配饰都是现代简约风格不可或缺的元素（图5-33）。

②注重色彩与材质的个性化运用，空间色彩对比强烈，并充分考虑光与影在空间中所起的作用（图5-34）。

图5-34　现代简约设计风格书房
作品：丽景锦逸荣庭样品房/设计师：李伟光

③设计手法着重空间处理，追求设计的几何性和秩序感，空间线条简约流畅（图5-35）。

## 六、其他风格

### （一）混合型风格

近年来，建筑设计和室内设计在总体上呈现出多元化、兼容并蓄的态势，室内布置中也有既趋于现代实用又吸取传统的特征，在装潢与陈设中融汇古、今、中、西于一体，例如传统的屏风、摆设和茶几，配以现代风格的墙面及门窗、新型的沙发；欧式古典的琉璃灯具和壁面装饰，

图5-35　现代简约设计风格客厅
作品：丽景锦逸荣庭样品房/设计师：李伟光

图5-36　混搭风格（美式、现代、中式等混搭）
作品：御金香/设计师：导火牛

图5-37　混搭风格（现代、古典、地中海式混搭）
作品：大师之家/设计师：金复旦

图5-38　后现代设计风格客厅

配以东方传统的家具和埃及的陈设、小品等。混合型风格虽然在设计中不拘一格，运用多种体例，但设计中仍然是匠心独具，深入推敲形体、色彩、材质等方面的总体构图和视觉效果（图5-36、图5-37）。

### （二）后现代风格

后现代主义强调建筑装潢应具有历史的延续性，但又不应拘泥于传统的逻辑思维方式，探索创新造型手法，讲究在室内设置夸张、变形的柱式和断裂的拱券，或把古典构件的抽象形式以新的手法组合，即采用非传统的混合、叠加、错位、裂变等手法和象征、隐喻等手段，以期创造一种更加富有人情味又不失时尚的室内环境。这种融感性、集传统与现代、揉大众化与艺术化于一体的即“亦此亦彼”的建筑形象与室内环境，给现代风格不小的冲击。后现代风格室内设计以反常的、夸张的、非理性、非对称的形式呈现出别具一格的视觉效果，给人以别样的亲切感、趣味性和时尚感（图5-38）。

# 实战篇

# 第六章　小户型空间设计

## 一、经典设计案例

Torsten Ottesjö是瑞典著名建筑师，其改造设计了瑞典哥德堡市一处旧房，完全颠覆了人们的想象空间，堪称异想天开的设计，是小户型空间设计的经典案例。

该方案是面积仅有17m$^2$，高度3.6m的户型。由于面积太小，设计师对空间体积分寸必争，创造了一间动线流畅可循环、多角度空间。室内空间包括了两个楼梯，一间卧室，一间浴室，一间设备齐全的厨房，一间办公室，一间衣橱以及起居室、客卧和餐厅（图6-1至图6-13）。

图6-1　设计师秉承“让环境照顾人，而非其他方式”设计理念

图6-2　街景入口

图6-3　玄关走廊，左侧是浴室门，右侧是卧室门；走廊墙是储物格

图6-4　联系餐厅和玄关的楼梯

图6-5　玄关前的走廊

图6-6　具备储物功能的楼梯

图6-7　利用盘旋而上的楼梯创造出厨房、餐厅、客卧的空间

图6-8　精心设计每个空间细部，考究有效的储藏空间

图6-9　从客厅看厨房和用餐区

图6-10　藏在木结构下的卧室。木板采用自然错位的方式铺装，使光线从木板的缝隙穿入，微风徐徐，使卧室保持舒适，具有广阔感，宛如天开

图6-11　充满艺术气息的家居空间

图6-12 舒适的小淋浴室

图6-13 走廊尽端的阶梯状空间，可摆放日常用品或艺术品

## 二、基本知识

### （一）小户型的概念

所谓的小户型是个泛指的概念，目前没有严格规范的说法，可理解为具有相对完善的配套及功能齐全的小面积住宅。

但究竟多小面积的住宅才叫作小户型呢？

各地方没有统一标准，如北京30～50m$^2$，广州深圳50～60m$^2$，上海60～70m$^2$……2006年5月29日《关于调整住房供应结构稳定住房价格的意见》（房地产行业统称为“70/90政策”）规定“套型建筑面积90m$^2$以下住房（含经济适用住房）面积所占比重，必须达到开发建设总面积的70%以上”。这样，对小户型的概念有了延伸，现常认为小户型是面积在90m$^2$以下的住宅，而90~100m$^2$的住宅也囊括在小户型概念范围。

注：2006年5月29日，九部委的《关于调整住房供应结构稳定住房价格的意见》细则出台，其中第一条“切实调整住房供应结构”中规定：“自2006年6月1日起，凡新审批、新开工的商品住房建设，套型建筑面积90平方米以下住房（含经济适用住房）面积所占比重，必须达到开发建设总面积的70%以上。直辖市、计划单列市、省会城市因特殊情况需要调整上述比例的，必须报建设部批准。过去已审批但未取得施工许可证的项目凡不符合上述要求的，应根据要求进行套型调整。”

此政策对小户型影响巨大，直接驱使开发商加大力度往小户型产品研究、创新上发展，业内称为“70/90政策”。

### （二）小户型的类型

小户型按户型样式分为一居室、两居室和三居室；按使用功能分为居家型、商住型和商务型（表6-1）。

表6-1　小户型的类型

| 按户型样式分类 | | 按使用功能分类 | |
|---|---|---|---|
| 类别 | 主要特征 | 类别 | 主要特征 |
| 一居室 | 面积：20～45m$^2$，功能区划分模糊，卧室和客厅无明显划分，整体浴室，敞开式厨房。适合群体：单身年轻人。 | 居家型 | 普通住宅型公寓。多为自主购买，其核心：面积小但功能齐全，能满足生活基本要求，除具有就餐、洗浴、就寝和休闲等功能外，还可增加读书、会客等功能。 |
| 两居室 | 面积：45～90m$^2$，是小户型的主要户型样式。其居室的面积较大，可按功能需求划分区域，主要消费群体：外来人口、年轻人群、年轻（老）家庭。 | 商住型 | 商住两用，是商住型公寓。其除了与居家型的住宅一样能够满足生活基本功能需求，同时，还可做商业办公场所，是初创型公司的温床。 |
| 三居室 | 面积：90～100m$^2$，是小户型的豪华样式，最受市场欢迎，可做成三房一厅，功能空间划分相对充裕。受“70/90政策”的影响，多数此类户型的面积在90m$^2$以下。 | 商务型 | 商务型公寓。主要针对商务人士人群，相对于标准公寓，属于高档社区，设施配套精致，装修高档，服务水准一流，其物业模式为酒店式服务公寓。 |

### （三）小户型空间设计原则

正所谓“麻雀虽小，五脏俱全”。小户型空间虽小，但对使用功能需求一应俱全，将有限的空间使用最大化，尽可能完善其功能，提高其使用率、性价比以及舒适性成为设计的重点。小户型的设计一般可以依据以下的设计原则：

1.巧拓空间，让使用范围最大化

①以小见大，隔而不断。狭小的空间既要体现功能划分，又不能拥挤，就要尽量减少制作无关紧要的界面造型，如吊顶、墙面造型等，减少因设计不当而造成视觉拥挤感；有条件的可拆除一些非承重墙，采用隔屏、滑轨拉门或采用可移动家具来取代原有的密闭隔断墙，把墙变“活”，使整体空间有通透感（图6-14）。

②向上拓展。如果屋内层高够高，可做成夹层楼板或开放空间；也可用屋顶多余的高度隔出天花板夹层，做储藏空间之用（图6-15、图6-16）。

③边角活用。活用不起眼的边角，通过巧妙设计，发挥其空间利用的功效。例如，将楼梯踏板做成活动板，利用台阶做成抽屉、储藏柜；把楼梯过道的扶墙一侧局部可作展柜，楼梯台阶下方设计成书架或抽屉（图6-17）。

④往下争取。将抽屉床、可拉式桌板、可拉式餐台、双层柜、抽屉柜等家具做成集成制，增加房间的使用面积（图6-18）。

图6-14　客厅与卧室采用布帘隔断

图6-15　创造卧室空间

图6-16　利用夹层做的吊柜

图6-17　充分利用边小空间

图6-18　巧用家具自身空间，拓展使用空间

图6-19　多功能聚于一厅

图6-20　将阳台、飘窗改为工作学习区

2. 模糊功能分区，增加空间的融合性、开放性

由于空间面积较小，可将功能区合并或者连接，不做明确限制。如采用开放式厨房或客厅、餐厅并用等方法，在不影响使用功能的基础上，利用相互渗透的空间增加室内的层次感和装饰效果，地满足日常起居的需求（图6-19）。

除了模糊其功能性外，还可丰富其他区域的功能性，如卧室的飘窗改为小型阳光书房；将主要作为晾晒、存储用途的阳台增设为工作、书写、阅读的休闲场所（图6-20）。

3. 以人为主，收纳为辅

面积较小的房间装修时，应该以人为主，以家具、收纳为辅。因为空间小，没有多余的地方摆放一些不必要的生活用品和装饰品。人们因为需要收纳的物品，才会产生收纳空间或家具，并非因为收纳才添置家具。因此在装修时，应以简洁、功能性为主，不必太过雕琢。

## 三、设计实践

### （一）项目背景：

●楼盘概况：南宁市风岭某楼盘，主要面对年轻家庭开发户型，有一房、两房以及小三房等户型。

●业主概况：两个谈婚论嫁的青年，房子作为他们的婚房。

●建筑面积：68m$^2$。

●风格意向：现代简约。

### （二）设计准备

房屋现场勘测是房屋装修设计最为关键的第一步。它是指设计师或者业主对拟装修的居室进行现场勘测，并进行综合考察的过程。

1.住宅环境观察

主要了解住宅的位置和朝向，分析建筑周围环境状况，例如私密性、采光、噪音、空气质量等情况。这些环境因素都会直接影响后期的设计。如果遇到房子格局或外部环境不够理想的话，需要通过装修设计来弥补。

2.与业主沟通

量房时，设计师要和业主进行初步沟通，了解业主对房屋的功能需求和设计意向，并根据房屋结构，与业主交流初步的设计思路。

●掌握业主相关资料：家庭人数、年龄、房间使用要求、个人爱好以及生活习惯等。

●家电、家具初步摆放位置：插座、开关、电视机、空调、音响、厨具等；衣柜、床、餐桌、沙发等。

●业主的设计意向：空间造型、格调、色调等。

●业主是否有需要特别处理的地方。

3.量房注意事项

●定量测量：主要测量各个房间墙和地面的长宽高、墙体及梁的厚度、门窗高宽度及墙距、暖气等设备高宽度及墙距。

●定位测量：在这个环节的测量中，主要标明门、窗、空调孔以及落水管的位置、孔距、马桶坑位孔距、离墙距离、烟管的位置、煤气管道位置、管下距离、地漏位置都需要做出准确的测量。

●高度测量：正常情况下，房屋的高度应当是固定的。但由于各个房屋的建筑、构造不同，也可能会有一定的落差，在设计师进行高度测量中，要仔细查看房间的每个区域的高度是否出现落差。

●承重结构测定：根据业主提供的原始平面图确认房子的承重结构，测量承重柱体、承重梁的尺寸。设计师在进行室内设计时，绝对不能破坏承重结构。非承重墙体可根据实际需求进行有条件的拆除或移位。

4.量房具体方法

●丈量工具：卷尺（长度5m以上）、笔、相机、绘图板。如有激光测量仪等先进仪器测量会更加便捷、准确（图6–21）。

●量房的正确顺序：为了避免漏测，量房的顺序通常由从入户门某一侧墙开始转圈依次测量，直到测回入户门的另一侧，把屋内所有房间都测量完毕。如果是多层的房屋，必须是完成一层的测量后，再进行另一层的测量工作，这样才不会漏测。

●长高度测量方法：用卷尺量房间的长度时，卷尺要紧贴地面测量；测量层高时候，要紧贴墙角测量（标准住宅层高一般在2.75～2.80m之间）；测算梁和承重柱的位置，精确测量好门窗、墙体等尺寸（图6–22）。

●拍照存档，供设计参考：量房时，要对关键的空间节点进行拍照作留底，作为设计参考，这样对整个空间构造把握才更加准确。

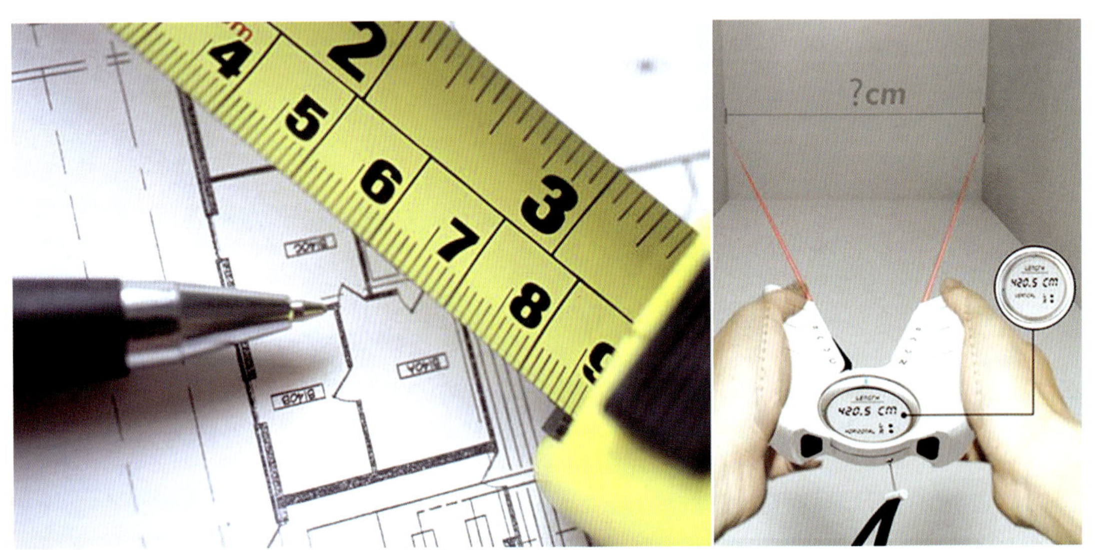

图6–21　测量工具

图6–22　测量房间各结构尺寸

### （三）方案设计

经过现场勘测后，通常我们需要绘制三类平面图：原建筑结构图、平面改造图、平面布置图。

原建筑结构图：主要是按照测量数据绘制能够反映房子原始建筑结构的平面图（图6-23）。

平面改造图：指的是设计师根据业主的功能需求以及对原户型结构利弊进行分析后，对房子户型结构进行合理调整形成的新平面图（图6-24）。

平面布置图：是设计最为重要的环节，是所有设计的集中体现。它主要是根据业主的生活需求、对空间的特殊要求，合理划分功能区域、分配面积、风格定位等（图6-25）。

在空间布局设计时，要根据室内常用尺寸，以符合人体工程学的家具尺寸作为主要参考依据。

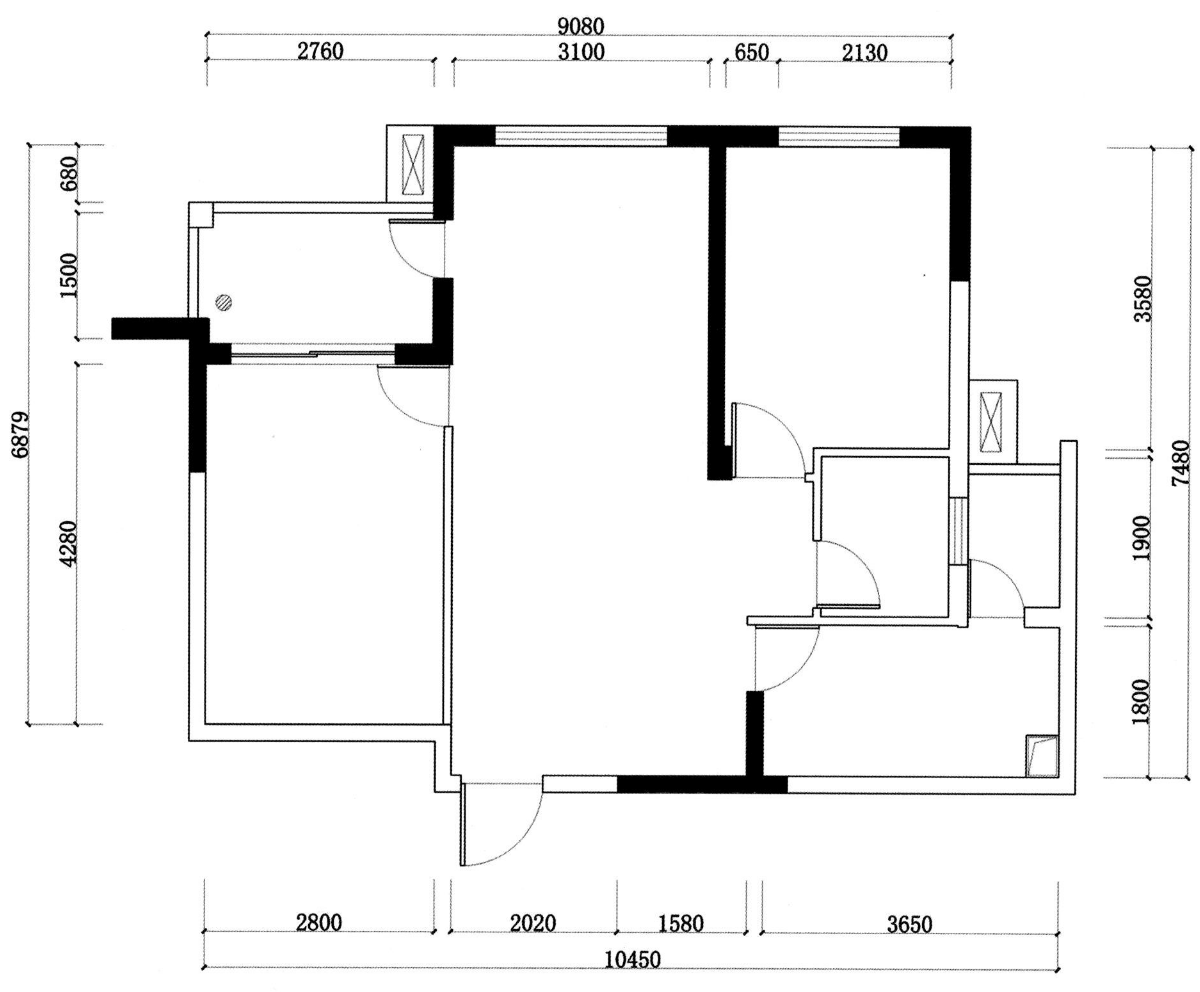


图6-23 原建筑结构图

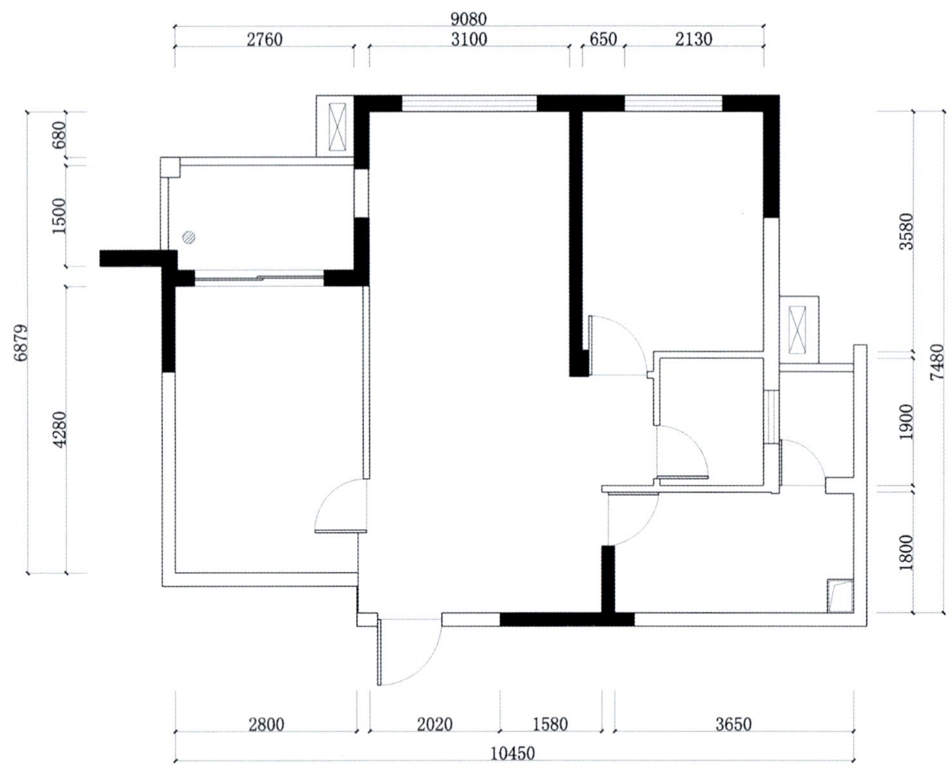


图6-24 由于原户型结构不合理，需做户型微调，封闭阳台门；将主卧门改移靠入门处（留够主卧衣柜厚度）；入门左侧墙预留嵌入式鞋柜位置

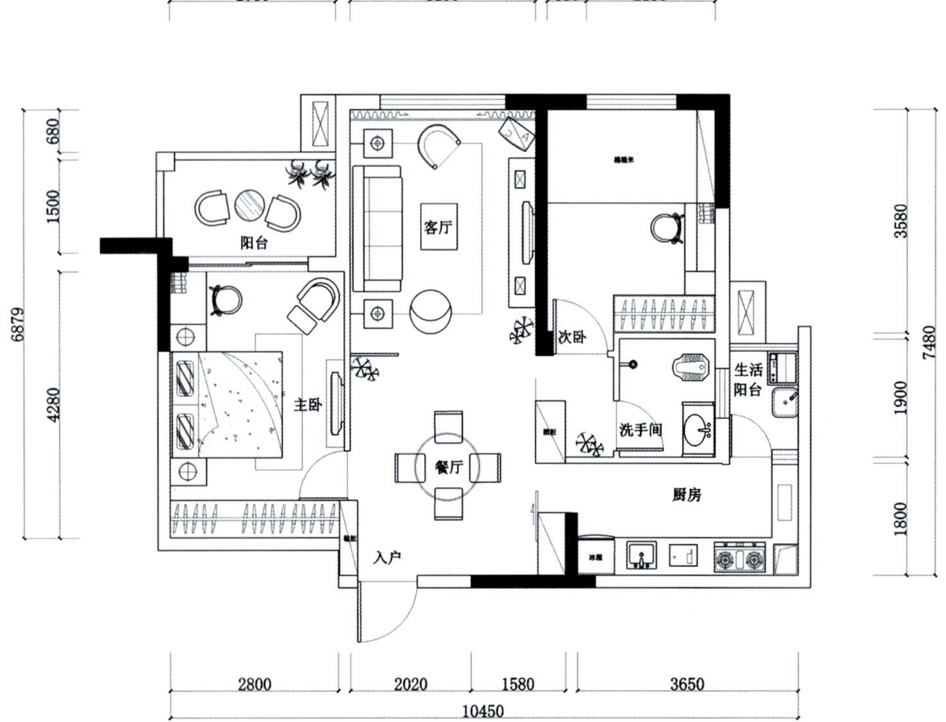


图6-25 平面布置图

●室内常规尺寸（表6–2）

**表6–2 室内常规尺寸** （mm）

| 名称 | 尺寸 |
|---|---|
| 支撑墙体 | 厚度0.24m |
| 室内隔墙断墙体 | 厚度0.12m |
| 大门 | 高2.0 ~ 2.4m，宽0.90 ~ 0.95m |
| 室内门 | 高1.9 ~ 2.0m，宽0.8 ~ 0.9m，门套厚度0.1m |
| 厕所、厨房门 | 高1.9 ~ 2.0m，宽0.8 ~ 0.9m， |
| 室内窗 | 高1.0m 左右，窗台距地面高度0.9 ~ 1.0m |
| 室外窗 | 高1.5m ，窗台距地面高度1.0m |
| 玄关 | 宽1.0m，墙厚0.24m |
| 阳台 | 宽1.4 ~ 1.6m，长3.0 ~ 4.0m（一般与客厅长度相同） |
| 踏步 | 高0.15 ~ 0.16m，长0.99 ~ 1.15m，宽0.25m；扶手宽0.01m，扶手间距0.02m，中间的休息平台宽1.0m |

●家具常规尺寸（摘自家具类国家标准）

**表6–3 普通椅子的基本尺寸** （单位：mm）

| 椅子种类 | 坐深 $T$ | 背长 $L$ | 坐前宽 $B_2$ | 扶手内宽 $B_3$ | 扶手高 $H$ | 尺寸级差 | 背斜角 $\beta$ | 坐斜角 $\alpha$ |
|---|---|---|---|---|---|---|---|---|
| 靠背椅 | 340 ~ 420 | ≥275 | ≥380 | — | — | 10 | 95° ~100° | 1° ~4° |
| 扶手椅 | 400 ~ 440 | ≥275 | — | ≥460 | 200 ~ 250 | 10 | 95° ~100° | 1° ~4° |
| 折椅 | 340 ~ 400 | ≥275 | 340 ~ 400 | — | — | 10 | 100° ~110° | 1° ~4° |

**表6–4 沙发的基本尺寸** （单位：mm）

| 沙发类 | 坐前宽$B$ | 坐深$T$ | 坐前高$H_1$ | 扶手高$H_2$ | 背高$H_3$ | 背长$L$ | 背斜角 $\beta$ | 坐斜角 $\alpha$ |
|---|---|---|---|---|---|---|---|---|
| 单人沙发 | ≥480 | 480 ~ 600 | 360 ~ 420 | ≤250 | ≥600 | ≥300 | 106° ~112° | 5° ~7° |
| 双人沙发 | ≥320 | | | | | | | |
| 三人沙发 | ≥320 | | | | | | | |

**表6–5 餐桌的基本尺寸** （单位：mm）

| 桌子种类 | 宽度$B$边长$B$（或直径$D$） | 深度 $T$ | 中间净空高 $H_1$ | 直径差 $(D-d)/2$ | 宽度级差 $XTB$ | 深度级差 $XTT$ |
|---|---|---|---|---|---|---|
| 长方餐桌 | 900 ~ 1800 | 450 ~ 1200 | ≥580 | — | 100 | 50 |
| 方（圆）桌 | 600，700，750，800，850，900，1000，1200，1350，1500，1800（其中方桌边长≤1000） | — | ≥580 | — | — | — |
| 圆桌 | ≥700 | — | — | ≥350 | — | — |

表6-6　单层床的基本尺寸　　（单位：mm）

| 单层床 | 床面宽$B$ | 床面长$L$ | | 床面高$H$ | |
|---|---|---|---|---|---|
| | | 双屏床 | 单屏床 | 放置床垫 | 不放置床垫 |
| 单人床 | 720，800，900，1000，1100，1200 | 1920，1970 | 1900，1950 | 240～280 | 400～440 |
| 双人床 | 1350，1500，1800，2000 | 2020，2120 | 2000，2100 | | |

注：嵌垫式床面宽应在各档尺寸基础上增加20mm。

表6-7　双层床的基本尺寸　　（单位：mm）

| 床面长$L$ | 床面宽$B$ | 底床面高$H$ | | 层间净高$H_1$ | | 安全栏板缺口长度$L_1$ | 安全栏板高度$H_2$ | |
|---|---|---|---|---|---|---|---|---|
| | | 放置床垫 | 不放置床垫 | 放置床垫 | 不放置床垫 | | 放置床垫 | 不放置床垫 |
| 1920，1970，2020 | 720，800，900，1000 | 240～280 | 400～440 | ≥1150 | ≥980 | 500～600 | ≥380 | ≥200 |

表6-8　梳妆桌的基本尺寸　　（单位：mm）

| 桌子种类 | 桌面高$H$ | 中间净空高$H_1$ | 中间净空宽$B$ | 镜子上沿离地面高$H_3$ | 镜子下沿离地面高$H_4$ |
|---|---|---|---|---|---|
| 梳妆桌 | ≤740 | ≥580 | ≥500 | ≥1600 | ≤1000 |

表6-9　衣柜的基本尺寸　　（单位：mm）

| 柜类 | 挂衣空间宽$B$ | 柜内空间深 | | 挂衣棍上沿至顶板内面距离$H_1$ | 挂衣棍上沿至底板内面距离$H_2$ | | 衣镜上缘离地面高 | 顶层抽屉屉面上缘离地面高 | 底层抽屉屉面下缘离地面高 | 抽屉深度 | 离地净高$H_3$ | |
|---|---|---|---|---|---|---|---|---|---|---|---|---|
| | | 挂衣空间深$T_1$ | 折叠衣物空间深$T_2$ | | 挂长外衣 | 挂短外衣 | | | | | 亮脚 | 包脚 |
| 衣柜 | ≥530 | ≥530 | ≥450 | ≥580 | ≥1400 | ≥900 | ≤1250 | ≤1250 | ≥50 | ≥400 | ≥100 | ≥50 |

表6-10　床头柜与矮柜的基本尺寸　　（单位：mm）

| 柜类 | 宽$B$ | 深$T$ | 高$H$ | 离地净高$H_3$ | |
|---|---|---|---|---|---|
| 床头柜 | 400～600 | 300～450 | 500～700 | 亮脚 | 包脚 |
| 矮柜 | | | 400～900 | ≥100 | ≥50 |

表6-11　书柜与文件柜的基本尺寸　　（单位：mm）

| 柜类 | 宽$B$ | | 深$T$ | | 高$H$ | | 层间净高$H_1$ | | 离地净高$H_3$ | |
|---|---|---|---|---|---|---|---|---|---|---|
| | 尺寸 | 级差 | 尺寸 | 级差 | 尺寸 | 级差 | （1） | （2） | 亮脚 | 包脚 |
| 书柜 | 600～900 | 50 | 300～400 | 20 | 1200～2200 | 200、50 | ≥230 | ≥310 | ≥100 | |
| 文件柜 | 450～1050 | 50 | 400～450 | 10 | 370～400<br>700～1200<br>1800～2200 | — | ≥330 | ≥100 | ≥50 | |

### （四）设计表现

针对小户型的方案设计，需通过色彩、材料、陈设以及光影等要素来实现视觉、心理上的空间变大，创造实用、舒适、美观、环保的家居环境。

1.色彩搭配

充分利用色彩的物理性能和色彩对人心理的影响，在一定程度上改变空间尺度、比例、分隔、渗透空间，改善空间效果。例如居室空间过高时，可用暖色减弱空旷感，提高亲切感；墙面过大时，宜采用收缩色；柱子过细时，宜用浅色；柱子过粗时，宜用深色，减弱粗笨之感。如，狭小空间可选用乳白色、米色、黄绿色、天蓝色等，再配以浅色窗帘可使房间显得宽阔（图6-26）。

图6-26　以白色为主调，通过空间界面、家具等色彩来带动空间的活力和动感，红色和黑色的点缀贯穿全屋，游走在沙发、床、装饰画、小饰品上，营造出喜庆、纯洁、温馨、浪漫的新婚居住环境

2.材料选用

由于小户型的空间面积限制，空间设计以简约造型为主，运用空间不同材料的质感、肌理等来营造空间效果。

不同的质感、肌理能产生不同的感觉，如，粗糙暗哑的材料表面有膨胀感，精细反光的材料表面有收缩感；柔软的材料有舒适放松感，生硬的材料有紧张冷峻感。因此，在小户型空间装修设计中，为了营造温馨、舒适的环境，多采用质地柔软的材料，如幔帘、布艺、地毯等典型的软质材料（图6-27）；为了增加空间感，可在墙体适当地安装镜子，利用镜子的反射性，加深空间层次感和纵深感，形成对景，释放有限的空间（图6-28）。

图6-27　运用轻柔的布料，营造舒适轻松效果

图6-28　运用镜子、珠帘隔断空间，增强空间开阔性

3.家具选用

小户型的家具陈设尤为讲究，由于其面积较小，尽可能不选造型复杂、占据空间体积大的家具和摆设，因其容易造成空间拥挤、笨拙和突兀；尽可能用造型简约、轻巧的家具和陈设，或针对住宅的特定区域精心选用具有多功能的折叠型家具，也可以对原有功能进行延伸和补充，营造通透、开阔的空间（图6–29）。

图6–29　采用造型简约、轻巧的家具，减少空间拥挤仓促感

4.光影营造

小户型的空间往往都承担多种功能，会客、视听、阅读、用餐、烹饪、休息睡眠，内部空间的分割采用开放式设计，空间秩序的梳理则用灯光来完成。在整体照明的基础上，通过局部照明形成不同的照度，让各个区域出现不同的光气氛，使各个区域有鲜明的光效果，达到划分不同区域的目的。同样，采用重点照明使室内空间的某个面或者某个形体更加突出，以体现空间主题（图6–30）。

图6–30　采用重点照明方法对工艺品、家具等物品照明，增添空间艺术气息

# 第七章　大户型空间设计

## 一、经典设计案例

邱德光是中国台湾地区著名室内设计师，以丰富的设计经验与深厚的艺术素养，将装饰元素结合当代设计，开创了新装饰主义（NEO ART DECO）东方美学风格，熟练地运用东方华丽、艺术、时尚元素，将生活形态和美学意识转化为尊贵身份，赋予新奢华生活新内涵，成功地塑造当代东方都会美学与当代时尚多元的生活型态。以北京NAGA住宅为例，堪称是大户型设计的经典。

**案例赏析**

项目：北京NAGA住宅。

位置：坐落在北京东城区东直门大街的一大厦的顶层，占地面积1600m²。该楼层视野开阔，可俯瞰北京市中心全景。

设计思路：设计师以“艺廊（gallery）”的概念诠释，融入了Art. Deco艺术风格，让居住质量蜕变为一种纯粹的居住艺术品位。

结合东方古典之美以及欧洲巴洛克设计风格，通过中西文化的融合创造出世界顶级住宅。设计师们设计了金字塔风格的住宅，表达了一种东方人的生活态度。对于人文主义、艺术形态以及高质量的生活来说，这是一种个人品位与身份的象征（图7-1）。

图7-1
新装饰主义风格

空间布局：设计师根据住户日常生活以及宴会活动的需求把空间分成了两大部分：个人的私密空间和公共的私人会所，同时两个动态的入口处作为私人和公共的出入口，并从一层的入口就分离开，同时通过不同的楼梯连接着不同的场所。公共区域的规划以方正的十字轴，主面宽、胡同窄的空间结构形成了明确的布局，并针对会所经营的迎宾效果，由开放到私密的一层层过渡作用，在过渡属性的空间中创造对称的结构，形成了中式宅院的空间序列（图7-2）。

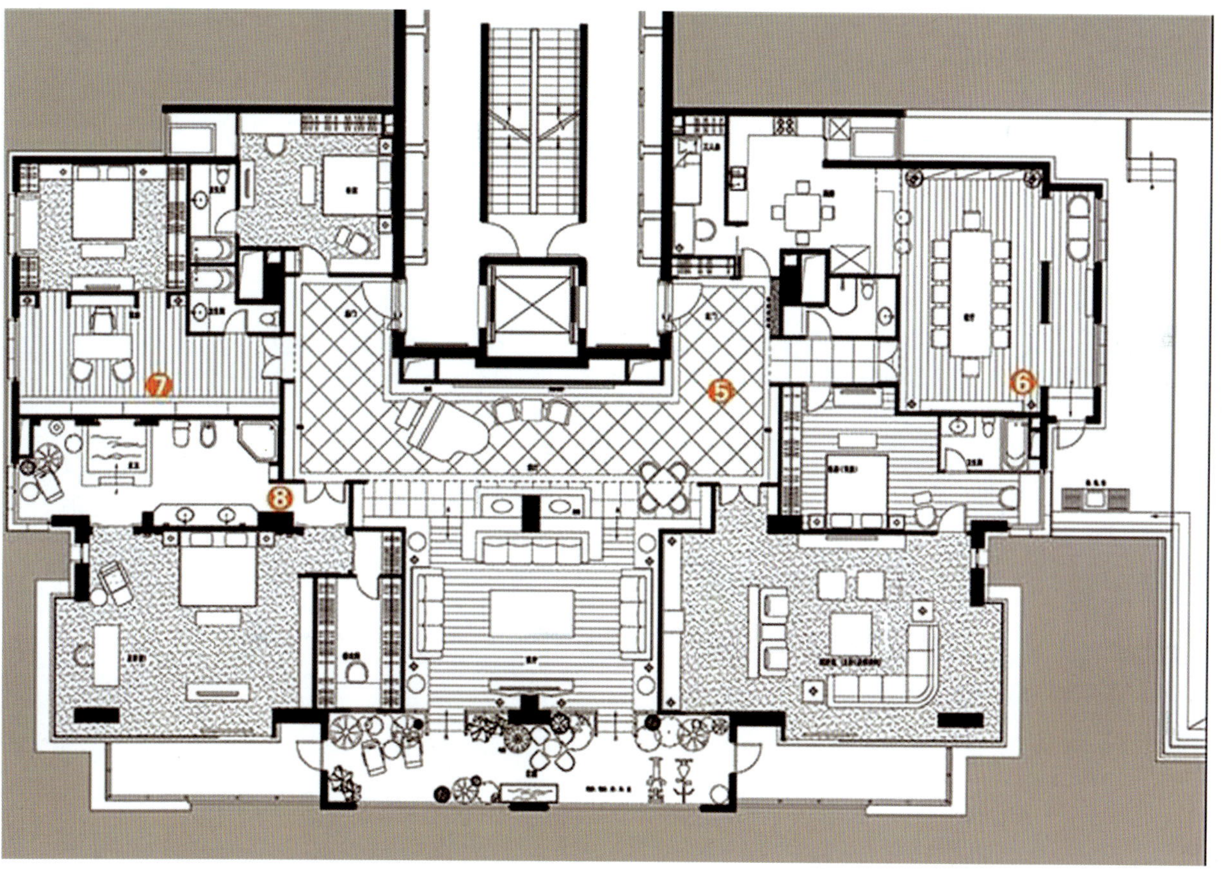


图7-2　空间布局

在设计细节上，使用“阴阳”概念对应着彼此。阴阳对应概念是中式审美基因，因为这牵涉到中国人认为“阴阳生生不息”的宇宙观与生命观（图7-3、图7-4）。

在空间处理上，整体以国际时尚界流行的黑色，搭配石材温润色感，以突显空间中的焦点——艺术品本身（图7-5、图7-6）。

除了满目缤纷的艺术杰作外，Art. Deco风格也显现在空间的诸多细节中，例如壁面石材刻意表现的斧凿刻痕，精致材质的运用等（图7-7）。

图7-3　线条与块面的"阴阳"镶嵌

图7-4　面与面的"阴阳"镶嵌

图7-5　黑白色彩经典搭配

图7-6　黑白色彩经典搭配

图7-7　精雕细琢空间细节

在处理空间与艺术品线条、颜色上彼此对应，简洁收敛，利用现代科技，透过不同的建材，将之大量运用在居家中的各种空间中，并选择黑檀木、黑云石等材质，让它们本身天然的线条去自然组合成独一无二的图形，更能符合豪宅主人追求独特性的诉求（图7–8）。

图7–8　豪华的空间效果

## 二、基本知识

### （一）大户型的概念

对于户型的大小定义，各地方并没有统一的标准，但通常可根据面积、定位等做界定：一是以面积大小来界定，如130m$^2$以上的称为大户型；二是以占地面积、容积率来界定，如占地面积大、容积率低的低密度住宅。因此，大户型通常是指建筑面积大、容积率较低的住宅户型。

### （二）大户型的类型（表7–1）

表7–1　大户型的类型

| 户型类别 | 主要特征 |
|---|---|
| 平层 | 是指所有的住宅功能（客厅、卧室、浴室、餐厅、厨房）等都处于同一层面。其特点：属于经济型户型，空间布局灵活。 |
| 错层 | 是指住宅内的各功能用房不处于同一平面，即房内的厅、卧、卫、厨、阳台处于几个高度不同的平面上。其特点：实现“动态”与“静态”相结合。 |
| 跃层 | 是指套内空间跨越两个楼层以上的户型，屋内有楼梯联系上下层，一般在首层安排起居室、厨房、餐厅、卫生间，二层安排卧室、书房、卫生间等。其特点：“动”“静”相对独立，私密性强。 |
| 复式 | 是指住宅空间功能房置于两个或两个以上的平面层上，与跃层的最大区别在于复式户内拥有一个或几个房间是贯穿两层的通透空间。其特点：<br>1.具备跃层的两层布局特点；<br>2.套内空间有贯穿上下层的通透空间，具有空间层次丰富、气派的特色。 |

## 三、大户型空间设计要素

### （一）空间界面设计

#### 1. 居室空间界面的概念

居室空间界面是指居室空间的各个实体围合面，其包括有底面（地面、楼面）、侧面（墙面、

隔断面)、顶面(平顶、吊顶)等。人们使用和感受室内空间,通常是直接看到甚至能够触摸到的则为界面实体(图7-9)。

居室空间的界面设计包含:界面造型、色彩搭配、材质选用、构造处理等。设计师设计居室空间时,应根据已确定的平面布局、空间组织,以及结合各居室空间界面结构特点和功能需求,对实体界面的造型、色彩,灯光、材质等方面做综合设计,既要满足造型与审美要求,又要实现居住空间的使用功能,创造出美观、舒适、安全、实用的居家环境(图7-10)。

在空间设计时,对地面、墙面、顶面等各居室空间界面的处理,既要考虑其家居使用各功能特点,又要注意其符合国家相关法律法规。

●具备安全性、耐久性,易施工安装,方便维护更新。

●具有耐燃及防火性能,符合《建筑内部装修设计防火规范》。

图7-9 居室空间各个界面

图7-10 空间界面设计效果 作品:金多利装饰公司\李青果

●装修材料无毒、无害，符合《室内装饰装修材料有害物质限量十个国家强制性标准（2009年新标准）》。

●具有隔热保暖、隔声吸声性能。

●装饰、美观要求。

●环保、经济要求。

（1）底面（地面、楼面）

作为居室空间的楼地面，是居室空间承重基面，是日常生活中人们接触最多、视距又近的界面，是室内装饰的重要元素之一。地面处理可根据居室空间功能特征来划分，如在门厅、走道及常用的空间可采用具有导向性和规律性的图案进行划分。同时在使用材料时，需注意选用瓷砖、木地板、地砖、地毯等具有耐磨、防滑、吸音功能特点的装饰材料（图7–11、图7–12）；厨房、浴室可选用陶瓷砖、瓷砖及玻化砖等具有防火、防水、防滑、耐酸、耐碱功能特点的装饰材料（图7–13）。

图7–11　瓷砖拼花铺装　作品：金多利装饰公司/设计师：李青果

图7–12　木地板、地毯铺装　作品：北京百佳居公司/设计师：何武

图7-13　浴室和厨房采用瓷砖铺装　作品：北京百佳居公司/设计师：何武

（2）侧面（墙面、隔断面）

侧面又称垂直界面，是室内空间的墙面或隔断面，有建筑构造的承重作用，并决定了居室空间基本形态。侧面和其他界面不一样，它的功能多样，构成自由度大，如直、弧、曲等，也可由不同材料构成（有机的、无机的）；侧面和人的视线垂直，是人们经常接触的部位，处于最明显的地位，因此侧面在居室空间设计的功能性、艺术性等方面要求最高，同时还要注意其必须具备的隔声、保暖、防火等功能特点（图7–14、图7–15）。

墙的形式随着建筑技术和手段的进步而丰富多彩，墙的形态有虚实、色彩、质地、光线、装饰等种种变化。因此，要想获得理想的空间艺术效果，必须处理好墙面的空间形状、质感、纹样及色彩诸因素之间的关系。

墙面的表现有助于居住情调与氛围的造就。墙面线条与纹理横向划分，可使空间向水平方向延伸，给人以安定的感觉（图7–16）；墙面线条与纹理纵向划分，可增加空间的高耸感，使人产生兴奋的情绪（图7–17）。

图7-14　精心设计墙面造型，令枯燥墙面变得灵动　作品：北京百佳居公司/设计师：何武、刘小斌

图7-15　空间隔断，陈设摆件　作品：南宁山水美地样板实景

图7-16　墙面饰面造型横走向，增强空间安定感
作品：北京百佳居公司/设计师：何武

图7-17　墙面纵斜交叉造型，增强空间动感
作品：北京百佳居公司/设计师：何武

墙面的装饰形式大致有：抹灰装饰、贴面装饰、涂刷装饰、卷材装饰。随着工业技术的发展，墙面的装饰材料也是多种多样，特别是装饰墙面的卷材越来越多，如：塑料墙纸、墙布、玻璃纤维布、人造革、皮革等（图7-18），这些材料的特点是使用面广，灵活自由，色彩品种繁多，质感良好，施工方便，价格适中，装饰效果丰富多彩，是室内设计中大量采用的材料。

（3）顶面（平顶、吊顶）

顶面指的是室内空间的顶界面，建筑上又称“天花”、“顶棚”、“天棚”等，其与地面是居住空间中相互呼应的两个面。居室空间顶面的高度决定室内空间的尺度，直接影响人们对家居空间的视觉感受。顶面结构过于复杂，装饰烦

图7-18　采用皮革和墙纸装饰墙面
作品：北京百佳居公司/设计师：刘小斌

琐，高度过低会使人感到压抑，而高度过高又使人感觉过于空旷冷漠。因此，通过对空间顶界面的处理，可以使空间关系明确，达到建立秩序，克服凌乱、散漫，分清主从，突出重点和中心的目的（图7-19）。

顶面在装饰形式、材料、色彩、图案上要注意与地面、墙面的协调统一，与居室中家具、陈设等的体量、形状相呼应，展示出室内空间的整体美感（图7-20）。

图7-19　通过设计吊顶，划定餐厅空间区域
作品：北京百佳居公司/设计师：何武

图7-20　简洁吊顶与墙体自然融合，使客厅风格统一协调
作品：北京百佳居公司/师：何武

2. 居室空间界面的设计要点

（1）形状

界面的形状，较多情况是以结构构件、承重墙柱等为依托，以结构体系构成轮廓，形成平面、拱形、折面等不同形状的界面；室内空间形状是由点、线、面相互交错组织而成的。

居室空间界面的线主要有直线、曲线、分格线和表面凹凸变化而产生的线。线材分为硬线材和软线材，其构成形式也分为框架结构、垒积构造、编结构成、伸拉结构等。在室内设计中处处可体现出线的运用，无论是直线还是曲线都能尽显其韵律感和节奏感，调整空间感，反映装饰的精美程度（图7-21）。

面有长度、宽度和深度，具有平整性和延伸性。面的最大特征是可以辨认形态，它是由面的外轮廓线确定的，面材的构成形式主要有面材的立体插接构成、折叠构成等。面具有鲜明的性格特征，如带棱角的面显得强硬、锋锐，圆形的面柔和、敦实，扇形的面轻盈、华丽（图7-22、图7-23）。

图7-21　空间界面线状材质具有很强的节奏感
作品：萧氏设计/中国室内设计联盟

图7-22　由多个方块组成墙体饰面　作品：北京百佳居公司/设计师：刘小斌

图7-23　圆形家具，方形墙面饰面　作品：北京百佳居公司/设计师：刘小斌

（2）质感

质感是材质给人的感觉与印象，是人经过视觉和触觉处理后对材质产生的心理反应，室内装饰材料的质地，根据其特性大致可以分为天然与人工、硬质与柔软、精致与粗犷等种类的材料。不同质地和表面加工的界面材料，给人们的感受都不一样（图7–24~图7–29）。

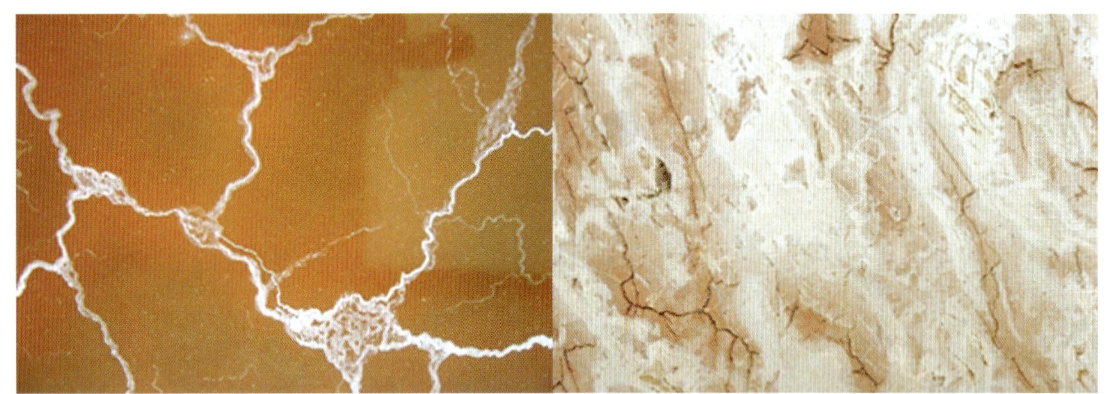

图7–24　平整光滑大理石——整洁、精密

图7–25　斧痕假石——有力、粗犷

图7–26　纹理清晰木材——自然、亲切

图7–27　镜面不锈钢——精密、高科技

图7–28　清水勾缝砖墙面——传统、乡土味

图7–29　灰砂粉刷面——平易、体感

由于色彩、线形、质地之间具有一定的内在联系和综合感受，又受光照等整体环境的影响，因此，在室内空间界面装饰设计中，应根据其性格特征，把握以下几点原则：

●材料与空间性格相融合；

●展现材料的内在美；

●注意材料质感与距离、面积之间的关系；

●与使用功能需求相统一；

●用材的经济性与环保性。

（3）图案

图案是由形与色组合而成，其对居室空间环境有着直接的协调与变化作用。界面上的图案必须从属于居室空间环境整体气氛要求，起到烘托、加强居室空间精神功能的作用。根据不同的场合，图案可能是具象的或抽象的、有彩的或无彩的、有主题的或无主题的；图案的表现手段有绘制的、与界面同质材料的，或以不同材料制作。界面的图案还需要考虑与室内织物（如窗帘、地毯、床罩等）的协调。界面图案的花饰和纹样，是室内设计艺术风格定位的重要表达语言（图7-30~图7-35）。

图7-30 图案可改变空间效果，表现特定气氛
情迷印加\室内设计联盟

图7-31 镜面改变人的空间视觉
深圳邱春瑞设计师事务所

## （二）居室空间照明设计

### 1. 居室空间照明类型

“没有光就不存在空间。”光线是人们感受室内空间效果必不可少的前提，是表达空间形态、营

图7-32 图案景深影响空间景深
蓝色海岸/室内设计联盟

图7-33 图案可以使空间富有静感或动感
樊汉（广西）环境艺术设计师事务所

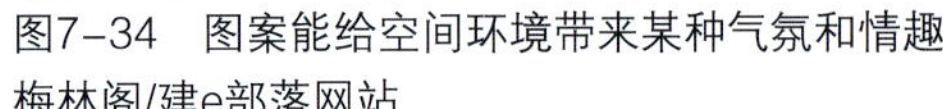
图7-34　图案能给空间环境带来某种气氛和情趣
梅林阁/建e部落网站

图7-35　图案彰显空间个性，表现特定主题，营造意境
何武

造环境气氛的基本元素。居室空间光照效果的设计，通常采用自然光和人工照明等两种方式。

（1）自然光：指的是通过门、窗、天窗等位置进行日光照射。自然光能够基本满足照明的目的，具有明朗、健康、舒适、节能的优点，但受制于朝向、时间、季节等。

（2）人工照明：利用发光物体进行室内照明。具有光照稳定，可根据每个空间的需要灵活设置灯具，自由地调整光的方向、颜色等优势，是居室照明设计的主要部分。

根据室内照明灯具品种和光照效果的不同，可将人工照明方式分为直射照明、半直接照明、间接照明、半间接照明和漫反射照明等（表7-2）。

表7-2　人工照明类型

| 人工照明类型 | 图　例 | 特　点 |
|---|---|---|
| 直射照明 | | 90%以上的灯光直接照射被照的物体。<br>特点：空间明亮，明暗对比强烈。 |
| 半直接照明 | | 60%～90%的灯光直接照射被照物体，10%～40%的灯光向上漫射后投射被照物体。<br>特点：空间较明亮，光线比直接照明柔和，空间感较强。 |
| 间接照明 | | 将光源遮蔽，使90%以上的光投射墙壁或顶棚后，再反射到被照明物体上。<br>特点：光线均匀柔和，适合用于营造空间气氛，是常用的装饰照明方法。 |
| 半间接照明 | | 60%以上的灯光投射墙面和顶棚后，再反射到被照物体，只有少量的光线直接投射到被照物。<br>特点：居室空间光线柔和，明暗对比不太强烈。 |
| 漫反射照明 | | 用半透明灯罩把光线全部封闭，光线均匀地向四周漫射。<br>特点：光线性能柔和，视觉舒适，适于卧室等休息场所。 |

2. 灯具的种类

（1）吊灯：适合于客厅、餐厅、卧室、走廊等地方。吊灯的花样最多，常用的有五叉圆球吊灯、玉兰罩花灯、橄榄吊灯、欧式烛台吊灯、中式吊灯、水晶吊灯、羊皮纸吊灯、时尚吊灯、锥形罩花灯、尖扁罩花灯、束腰罩花灯等。吊灯的安装高度，其最低点应离地面不小于2.2m（图7–36）。

（2）吸顶灯：紧贴顶棚安装的灯具。常用类型有方罩吸顶灯、圆球吸顶灯、尖扁圆吸顶灯、半圆球吸顶灯、半扁球吸顶灯、小长方罩吸顶灯等。主要适合于客厅、卧室、厨房、卫生间等地方。

（3）壁灯：安装在室内墙壁上的装饰灯具。壁灯的照明度不宜过大，造型要富有装饰性，多装于阳台、楼梯、走廊过道以及卧室等地方。壁灯安装高度应略超过视平线1.8m高左右。（图7–37）

（4）台灯：布置在台桌、茶几、矮柜的局部照明的灯具，用于阅读或陈设装饰用途（图7–37）。

（5）落地灯：是家居客厅、起居室、休息室、书房等空间的局部照明灯具，主要用于局部照明和点缀居室空间氛围的。其款式有直杆式、抛物线式、摇臂式、杠杆式等（图7–39）。

（6）聚光灯、射灯、轨道射灯：都是装饰灯源，主要用于强化空间装饰效果，起到烘托空间环境氛围的作用。

（7）日光灯、格栅灯：日光灯分传统型日光灯和无极日光灯；格栅灯有嵌入式和吸顶式。

图7–36　吊灯

图7-37　壁灯

图7-38　台灯

图7-39　落地灯

3. 居室照明布局方式

（1）整体照明：使用悬挂于顶棚面上的固定灯具进行照明，给室内提供最基本的照度。

特点：光线分布均匀一致，照度面广，能使空间显得明亮和宽敞。适合于起居室、餐厅等空间的普遍照明。

（2）局部照明：为突出特点目标或引起视线对于某一部分的注意而对重点部位进行强调性的重点投光。

特点：照明集中，局部空间照度高，对其他空间不形成光扰，节电节能，并形成有特点的气氛和意境。适合于客厅、餐厅的装饰墙面、卧室的床头、书房的台灯、卫浴间的镜前灯等。

（3）装饰照明：又称气氛照明。是以色光营造一种带有装饰味的气氛或戏剧性的效果。其目的是丰富空间的色彩感和层次感。

特点：可根据居室中各部分的特点创造出或华贵、或质朴、或现代、或明快、或幽雅、或奔放等的个性空间。

### （三）居室空间陈设设计

英国设计史学家乔治·赛维奇说："室内陈设是建筑内部固定的表面装饰和可以移动的布置所创造的整体效果。"

陈设设计，也叫软装设计，是居室空间设计重要环节，其方式十分灵活和人性化，根据居室空间设计风格，通过对居室空间内包括家具、饰品等空间元素的选择和搭配达到突出空间风格和将居室艺术化的效果。其对居室空间形象的塑造，环境氛围的渲染起到锦上添花、画龙点睛的作用。

1. 陈设品类别

功能性陈设品：指具有一定实用价值又有一定的观赏性和装饰作用的陈设品。如家具、灯具、丝织品、电器、书籍杂志、生活器皿、体育用品、化妆品、烟灰缸、时钟等。它们最大的价值应首先体现在实用性方面。

装饰性陈设品：是指本身没有太大的实用功能而纯粹作为观赏的陈设品，它们具有极强的精神功能，可增添空间的情趣，陶冶人的情操。如艺术品、工艺品、纪念品、收藏品、花艺、观赏性的动植物等。

2. 陈设设计要点

（1）陈设品要符合居室空间设计风格

根据居室空间设计风格，确定陈设设计风格走向，对陈设品的选择也要注意其本身的造型、色彩、图案以及质感等能够保持在统一的风格。例如，简约风格居室空间要以时尚、个性、设计感强的陈设品为主；中式风格居室空间以民族风格、地方特色的陈设品为主。因此，依照统一格调布置居室空间，才能够营造出和谐、温馨的居住环境。

（2）陈设品要符合居室各功能区需求

要根据每个居室功能区的需求特点，选择与之相适应的陈设品，才能营造出符合住宅各功能区个性特征。例如：住宅的客厅是家庭的生活中心，既是家人休息、娱乐的地方，又是家庭亲友聚会、会客的主要家庭场所，因此，客厅的陈设品设计就要表现出家庭的个性与趣味，给来客以轻松随和，又不失主人品位的印象；书房的陈设设计，书房的陈设品应选择庄重又有文化韵味的饰品，如字画、书籍、工艺品等，布置时注意书与字画等工艺品的有序组合，达到存书与欣赏的美妙意境，使整个书房显得稳定和谐、浑然一体。

（3）合理选用与巧妙布置家具

家具是住宅空间的主要陈设物，有着实用功能，并可用来分隔、组织空间。家具的造型、色彩、肌理、风格很大程度上影响了居室空间气氛。因此，居家布置的首要任务是在室内设计总的要求前提下，确定各个房间家具的种类与数量、款式与风格、体量与样式、陈设位置与格局等，使之起到烘托室内气氛、营造室内某种特定的意境的作用。

（4）巧用陈设品烘托室内气氛

一幅画、一件工艺品、一束花、一张织物、一盏灯，它们不同的造型、不同的色彩、不同的肌理在光线的烘托下都可塑造出或欢快喜庆、或庄严神圣、或清新宁静的空间环境气氛，给人视觉上和心理上的不同感觉，丰富空间层次感，创造出意境（图7-40）。

图7-40　陈设品强化空间风格　北京大学众议院别墅陈设设计/设计师：邱德光

## 四、设计实践

### （一）项目背景

●楼盘概况：南宁青秀万达广场，坐落于南宁中心区位，位于城市主干道东葛路延长线及滨湖路交会处，雄踞南宁城市最核心区位，主要针对中产阶级家庭开发225~295m²大户型豪宅。

●业主概况：三代同堂家庭，共5口人，1个小孩已读小学。

●建筑面积：334m²。

●风格意向：现代时尚风格。

### （二）设计准备

1.客户装修意向调研

为了能够把握业主住宅装修设计需求，可让客户填写一份装修设计意向调查表（表7–3），设计师根据装修设计意向表的数据，进行空间布置，设计装修方案。

**表7–3　某公司的客户装修设计意向调查表**

| 基本类别 | 问 卷 内 容 |
|---|---|
| 一、客户基本情况 | 1.姓名：先生（女士）：　　；2.年龄：　岁；3.职业：　　；4.学历：　；<br>5.家庭成员（同住）情况：<br>（1）父、母：　　　年龄：父　　母<br>（2）夫、妻：　　　年龄：夫　　妻<br>（3）子、女：　　　年龄：子　　女<br>（4）保姆<br>（5）其他 |
| 二、玄关（门厅） | 1.是否有考虑安排：设置鞋柜□、衣柜□、镜子□（整装）<br>2.是否介意入门能够直观全室？介意□、无所谓□<br>3.玄关的设计是否要考虑其文化属性或氛围？适当兼顾□、重点考虑□、无所谓□<br>4.对玄关有无其他特别要求？（灯光、色彩等） |
| 三、客厅 | 1.客厅的主要功能：家人休息□、看电视□、听音乐□、其他<br>2.接待客人（偶尔□、经常□、基本不接待□），接待人数约为　　人<br>3.是否与餐厅合为一体？（是□、否□）<br>4.客人来家中聚会内容？（聊天□、Party□、亲友聚餐□）<br>5.客厅内的视听设施有哪些？规格？尺寸？<br>6.音像多少？需要背景音响？（是□、否□）是否需要特别的设施？<br>7.对客厅有无特殊的灯光设计要求？（主灯□、电视背景射灯□、沙发背景射灯□、地灯□、冷色光源□、暖色光源□、彩色光源□、主灯分置□、主灯调亮装置□）其他<br>8.客厅的基本色调：偏暖色系□、偏冷色系□<br>9.客厅地面的希望是：实木地板□、复合地板□、玻化砖□、仿古砖□、普通防滑砖□、环氧水泥地□、有部分地台□、其他特别要求<br>10.是否有其他使用功能要求？ |
| 四、餐厅 | 1.餐厅使用人数、频率？（早餐□、中餐□、晚餐□）餐桌、椅如何配置？（1×2□、1×4□、1×6□、1×8□）<br>2.是否需要配置（餐柜□、酒柜□、陈列柜□）？有、无藏酒？<br>3.餐厅是否是家人（朋友）聚会（交流）的主要场所？（是□、否□）<br>4.是否需要在餐厅看电视（是□、否□）？棋牌等娱乐活动（是□、否□）<br>5.对餐厅的色彩有无特别要求？（全部暖色□、全部素色□、全部冷色□、局部彩色□）<br>6.对灯光要求（一盏主灯□、二盏主灯□、三盏主灯□、需要射灯□、不需要射灯□）<br>6.家庭烹饪的特点？ |

续表

| 基本类别 | 问 卷 内 容 |
|---|---|
| 五、厨房 | 1.有何电器设备？（电冰箱□、微波炉□、烤箱□、燃气灶□、油烟机□、电磁炉□、电烤箱□、热水器□、电饭锅□、消毒柜□、粉碎机□、洗衣机□、其他电器□）<br>2.有没有对墙、地材料材质或色彩的特别要求？<br>3.对水、电设备的要求？（凉水□、热水□）<br>4.对橱柜的档次、品质、色彩有何要求？<br>5.照明有何要求？（主灯即可□、操作台有工作灯□、橱柜内有装饰光源□、发光橱柜 □） |
| 六、书房 | 1.书房的使用？（读书写作□、电脑操作□、会客品茶□、兼客房□、其他）<br>2.书房使用以（何人）为主？总有（几人）同时使用书房？<br>3.存书数量、种类？（藏书类□、大开本工具书画册□、杂志类□、数量大□、数量少□）<br>4.习惯以何种姿势看书？（坐□、躺卧□） |
| 七、主卧室 | 1.对卧具的选择？（购买、制作、品种、颜色）<br>2.床的要求？（1.5×2□、1.8×2□、2×2□、2.2×2□、其他）<br>3.床的类型？（木制□、金属铁艺□、皮革□、布艺□、中式□、古典欧式□、简约□）<br>4.储存柜数量的要求？（鞋、箱包等）<br>5.是否需要梳妆台？（是□、否□），（化装的要求、习惯）<br>6.对灯光的要求？（无主灯□、主灯□、墙灯□、床头灯□、落地灯□、地灯□、背景灯光□、可调光源□、设床头开关□）<br>7.卧室整体色彩搭配？（冷色系□、暖色系□、素色□、局部艳色□ ）<br>8.墙、地面材料？（乳胶漆□、壁纸□、实木地板□、复合地板□、地砖□、整体地毯□）<br>9.是否需要视听设备、宽带？ |
| 八、儿女房（老人房及客房） | 1.房间的使用功能（居住情况：临时客房□、老人□、保姆□、子女房□、双人床□、单人床□、双层床□）<br>2.家具的配置（制作□、购买□）（电脑桌□、写字台□、衣柜□、书柜□）<br>3.对儿（女）房间的规格（有□、没有□）考虑时间段（年龄、今后的变更）的要求？<br>4.对儿（女）房间有无色彩要求？（冷色系□、暖色系□、局部艳色□、素色□）<br>5.墙、地面材料？（乳胶漆□、壁纸□、实木地板□、复合地板□、地砖□、整体地毯□）<br>6.儿（女）有何兴趣、爱好？（钢琴□、绘画□、篮球架□、飞镖靶□、其他）<br>7.有没有旧家具需要保留？其色调、尺寸、数量？<br>8.老人房间的设计是否要考虑老人特殊的身体状况、习惯？<br>9.儿（女）、老人房间有无特别的灯光（起夜灯）、警报、监控等要求？<br>10.请注明儿（女）玩具、书籍的数量？（玩具件，书籍本） |
| 九、卫生间 | 1.洁具的安排（普通浴缸□、按摩浴缸□、浴帘□、玻璃沐浴屏□、盆□、现做台盆□、定做整体台盆□）<br>2.灯光的具体要求？<br>3.卫生间的色彩倾向？<br>4.其他要求。 |
| 十、阳台 | 1.（是□、否□）需要封阳台？材料？（铝合金□、塑钢□、木制□、其他 ）<br>2.如何使用、规划？（晒衣□、健身□、休息□、储物□、养植花木□、兼书房□ ）<br>3.阳台天棚？（刷漆□、PVC板□、铝扣板□、实木隔栅□、金属隔栅□、桑拿板□、做窗帘盒□、不做窗帘盒□ ） |

2. 户型改造

①现场勘测建筑结构图，并准确地绘制出原始结构图、原始尺寸图、原始梁位图（图7–41~图7–46）。

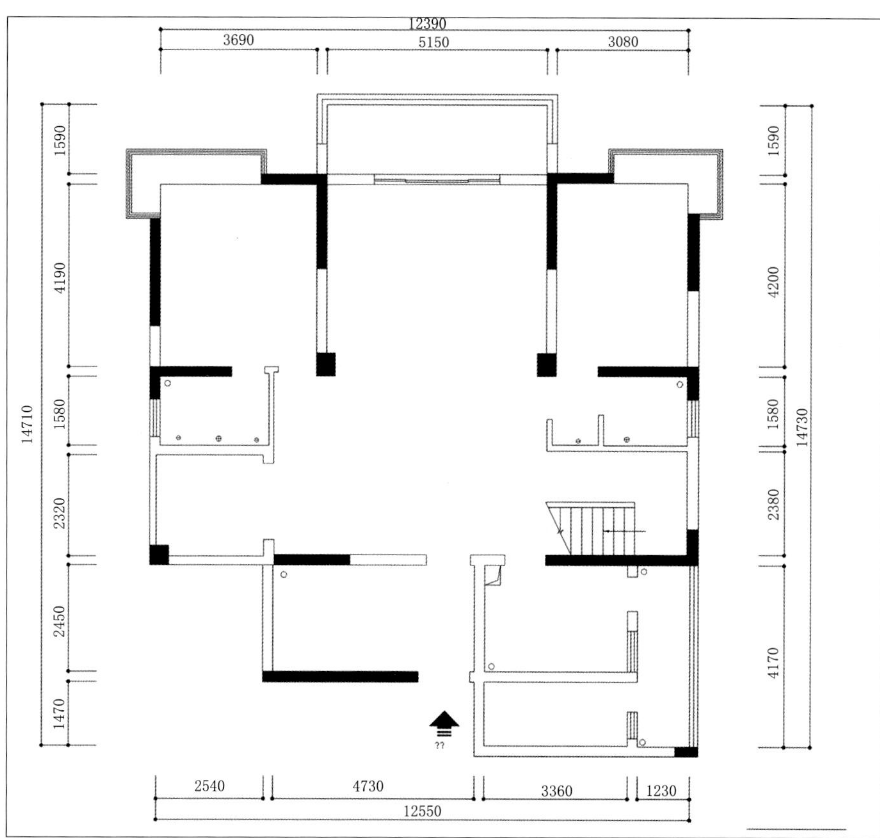


图7-41　一层原始结构图

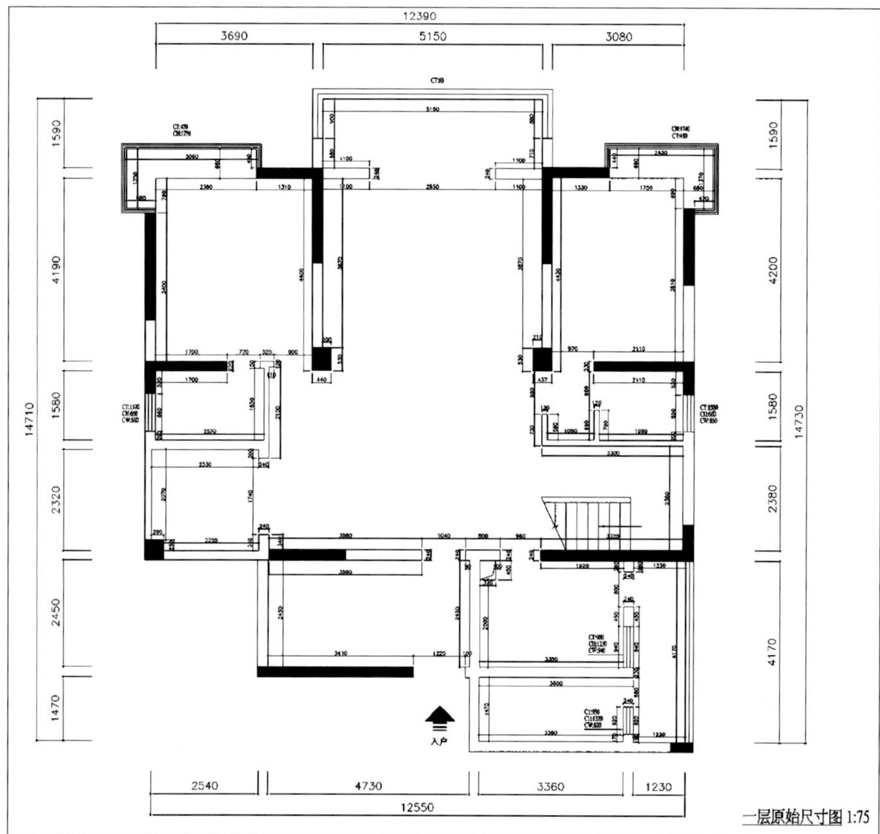


图7-42　一层原始尺寸图

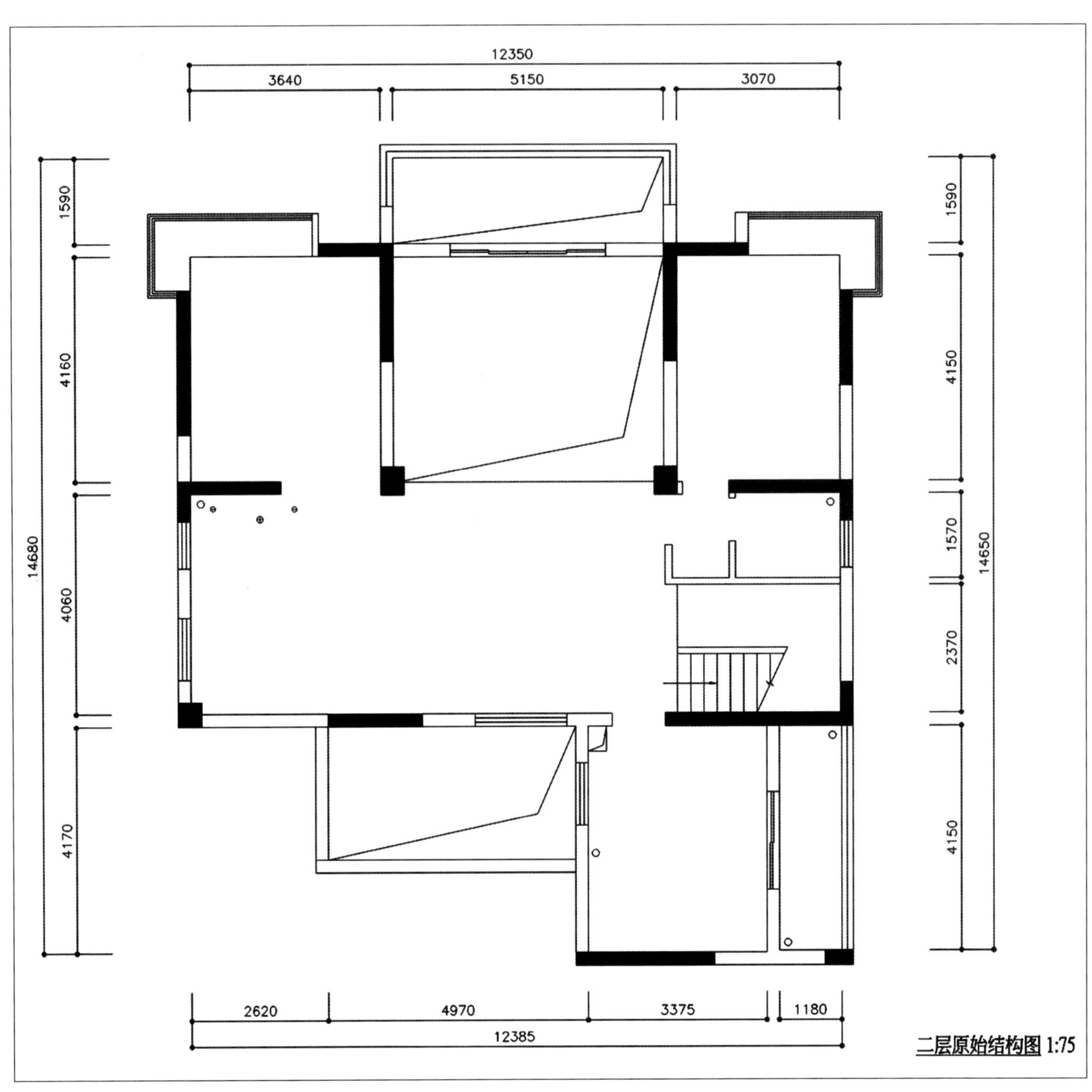


图7-43　二层原始建筑结构图

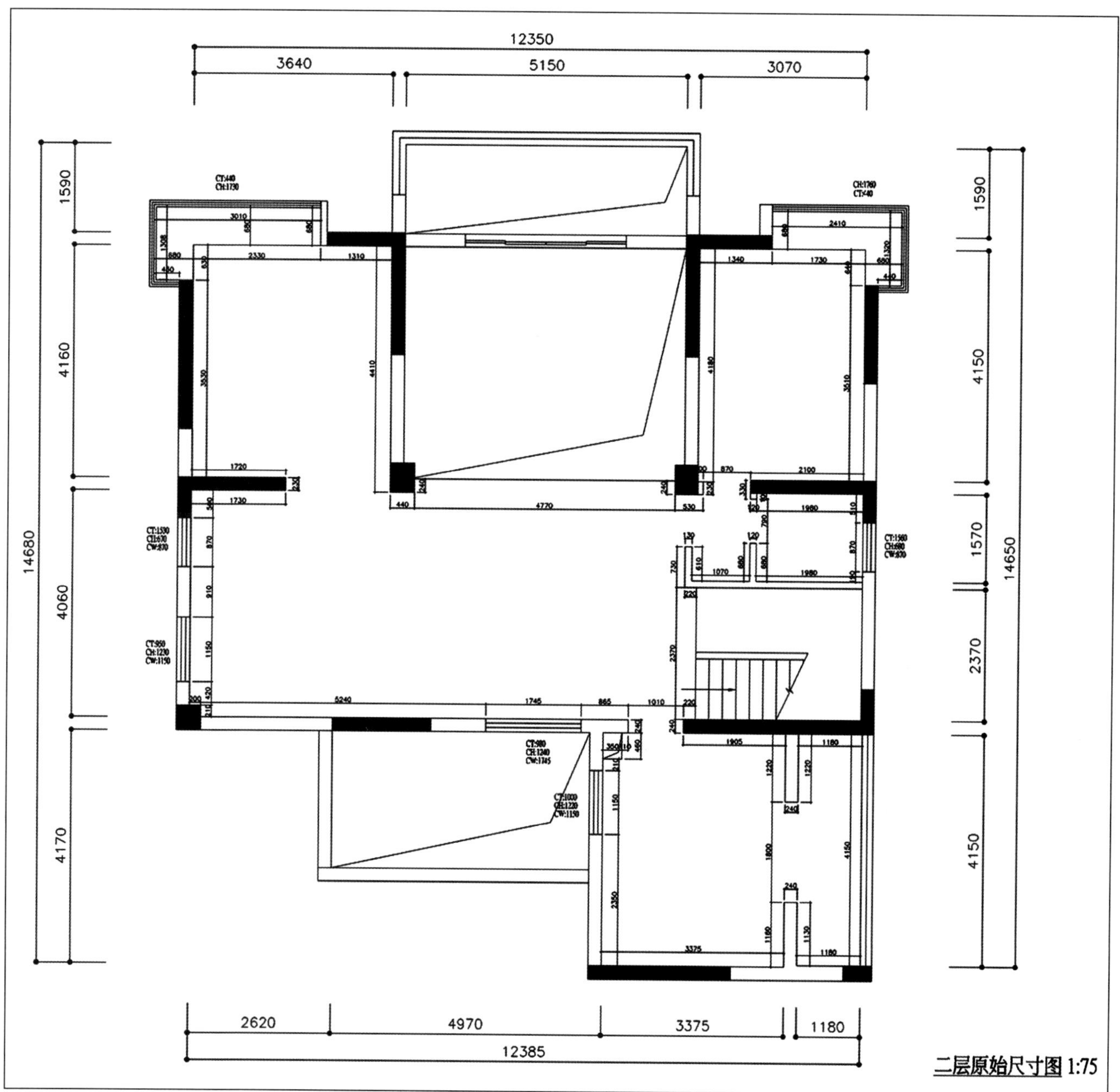


图7-44　二层原始尺寸图

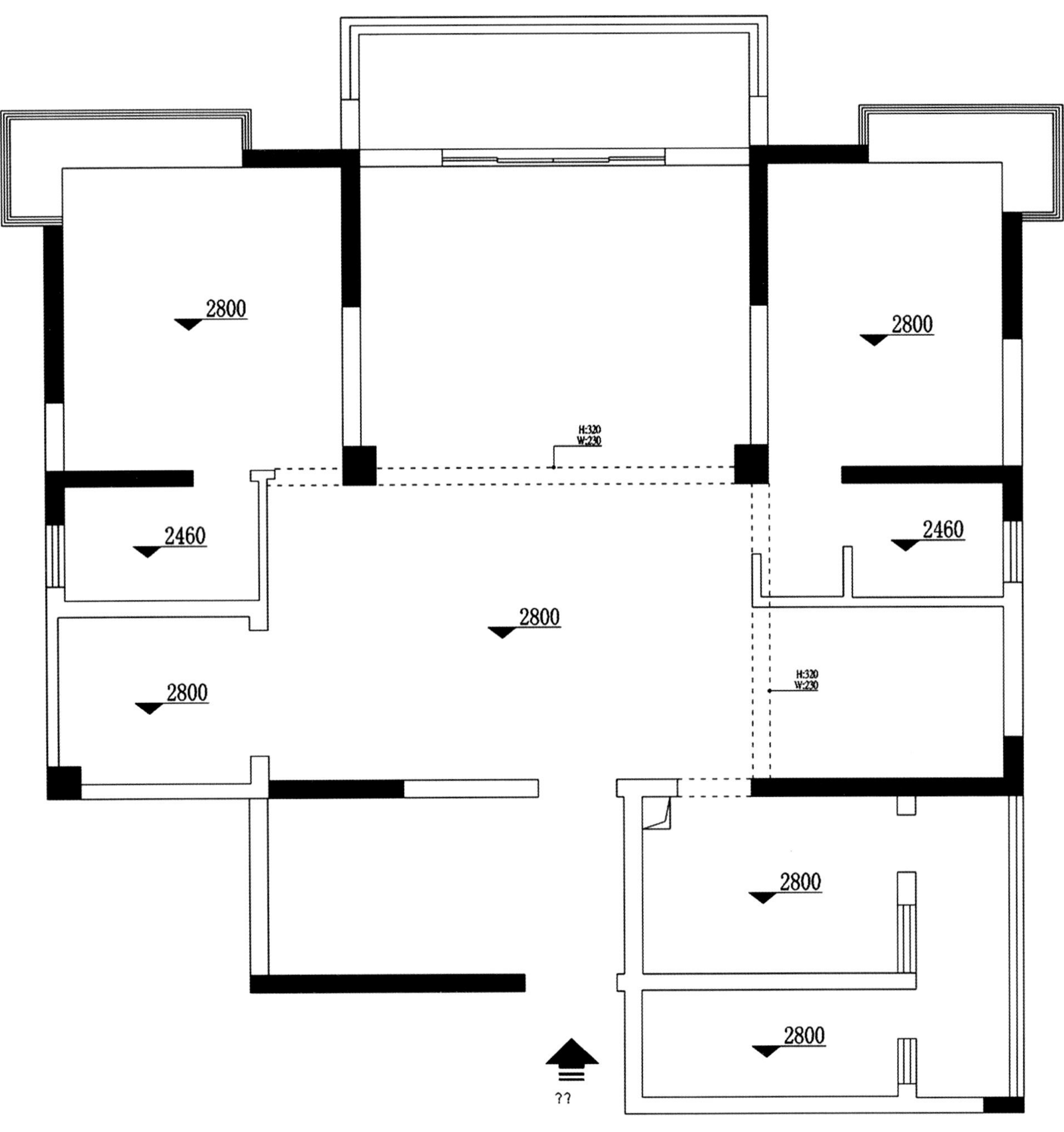


图7-45　一层原始建筑梁位图

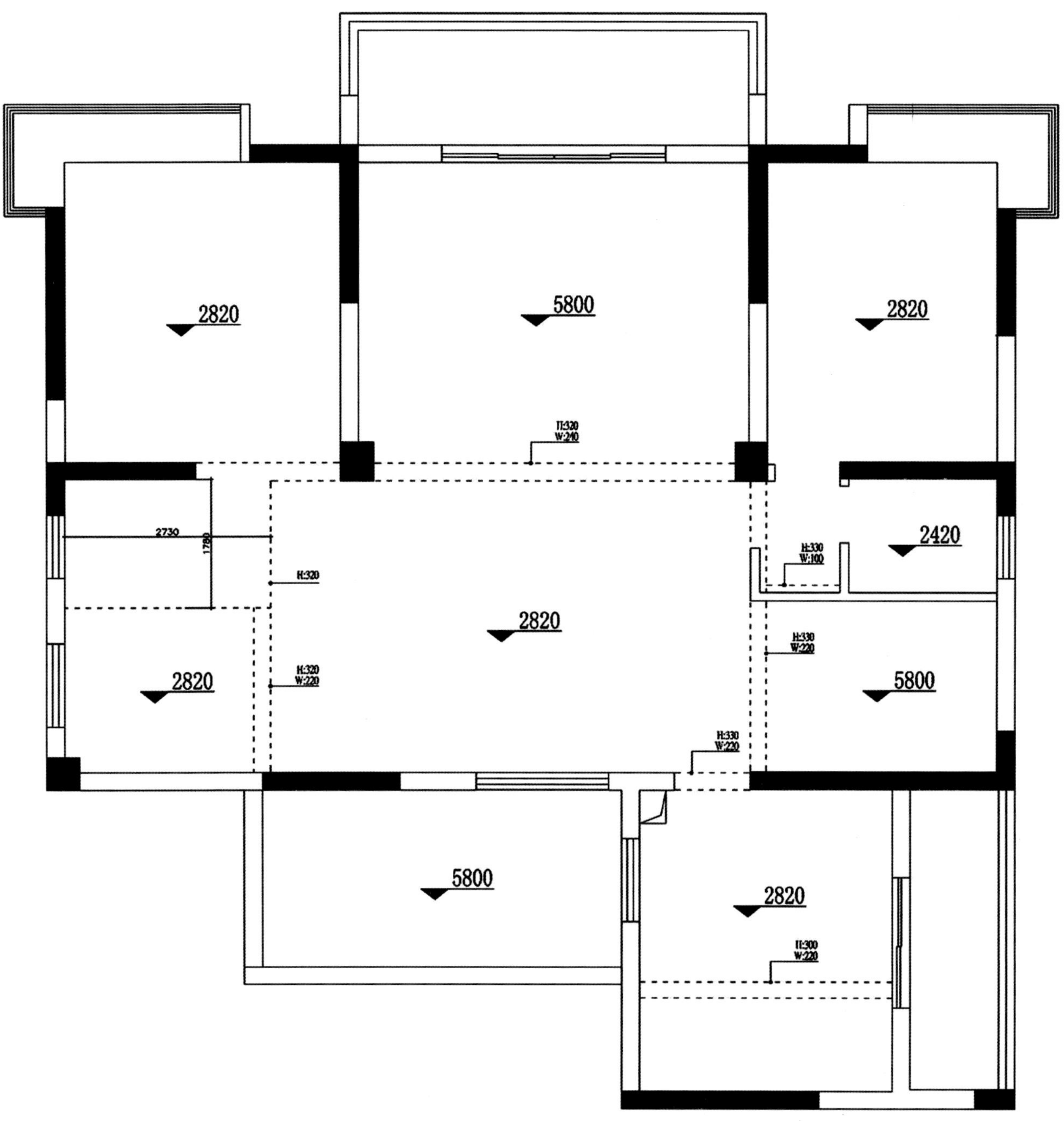


图7-46　二层原始建筑梁位图

②根据业主居住功能需求和现场勘测数据，分析原户型的利弊，并提出合理的户型解决方案（表7-4）。

表7-4 原户型结构存在问题及解决措施

| 楼 层 | 存在问题 | 解决措施 |
|---|---|---|
| 一楼 | 1.入户花园空间较大，入厅门太小，入户门与门厅大门对冲，缺乏缓冲。<br>2.老人房卫生间面积较小。<br>3.厨房区域显得仓促。<br>4.公卫的洗手台隔墙无实用意义。 | 1.将入户花园设置为两个空间：储物间和玄关；将门调整到左边，拆除入厅墙体，设计成艺术屏风。<br>2.将原杂物间门砌墙封闭，改为卫生间，并巧用墙厚度制作酒柜。<br>3.将原老人卧室卫生间改为衣帽间。<br>4.将公卫洗手台的墙体拆除做隔断处理。<br>5.拆除厨房内两面实墙，增强空间通透性和空间感。 |
| 二楼 | 1.主卧缺独立卫生间和衣帽间。<br>2.入户花园上空剩余空间未充分利用。<br>3.书房空间视野不开阔，通透性差。 | 1.将休闲区部分实墙隔断，设为主卧的卫生间、小型衣帽间。<br>2.入户花园上空作隔层，建成衣帽间。<br>3.拆除书房阳台隔墙，拓展书房空间。 |

③根据空间规划方案，拆除非承重墙体，砌隔断砖墙，以及二楼隔层处理（图7-47~图7-50）。

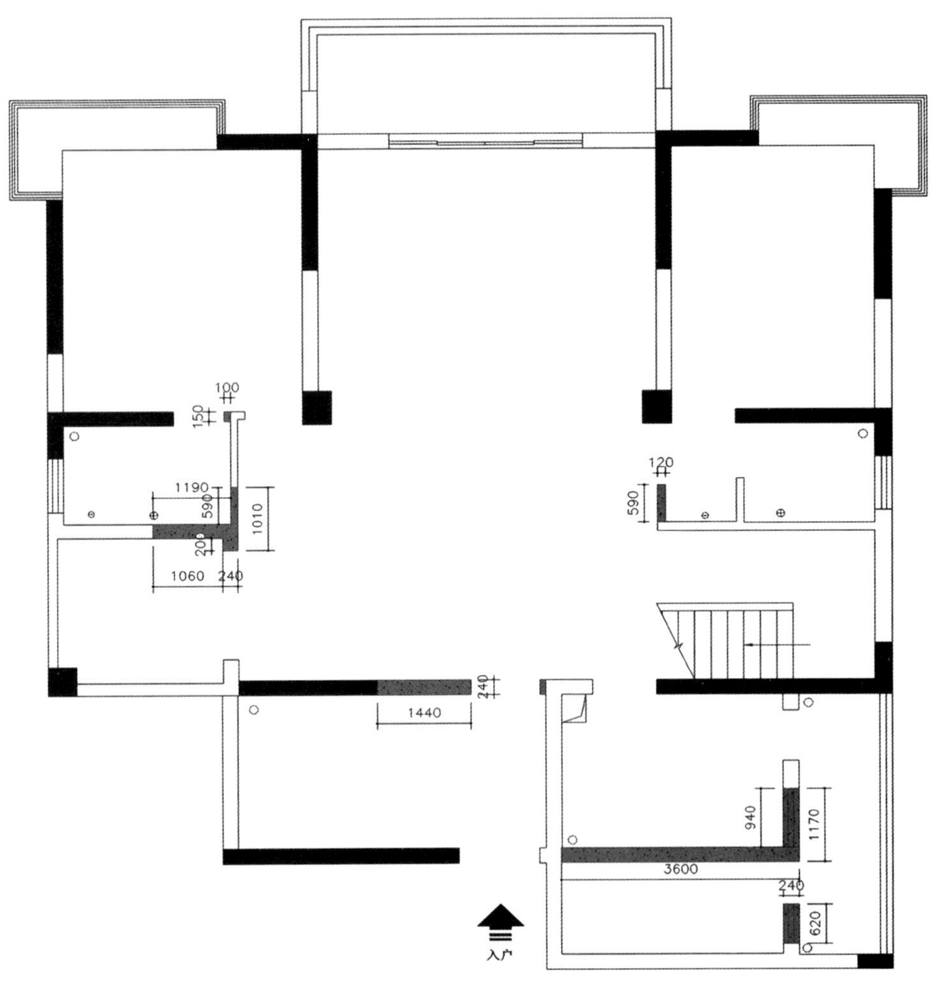


图7-47 一层拆墙位置图

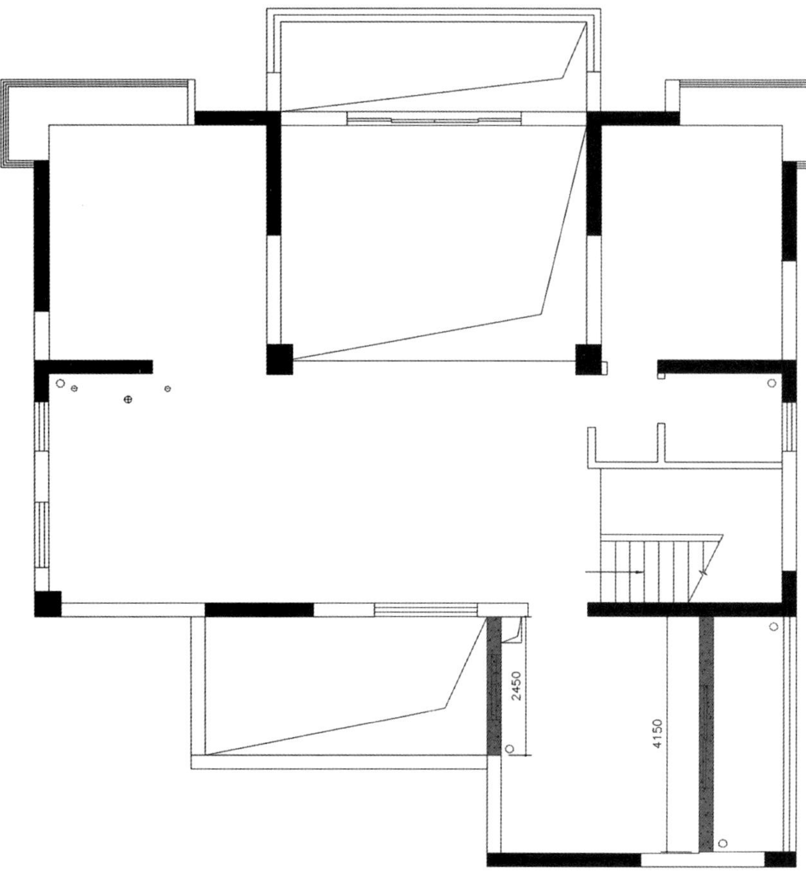


图7-48　二层拆墙位置图

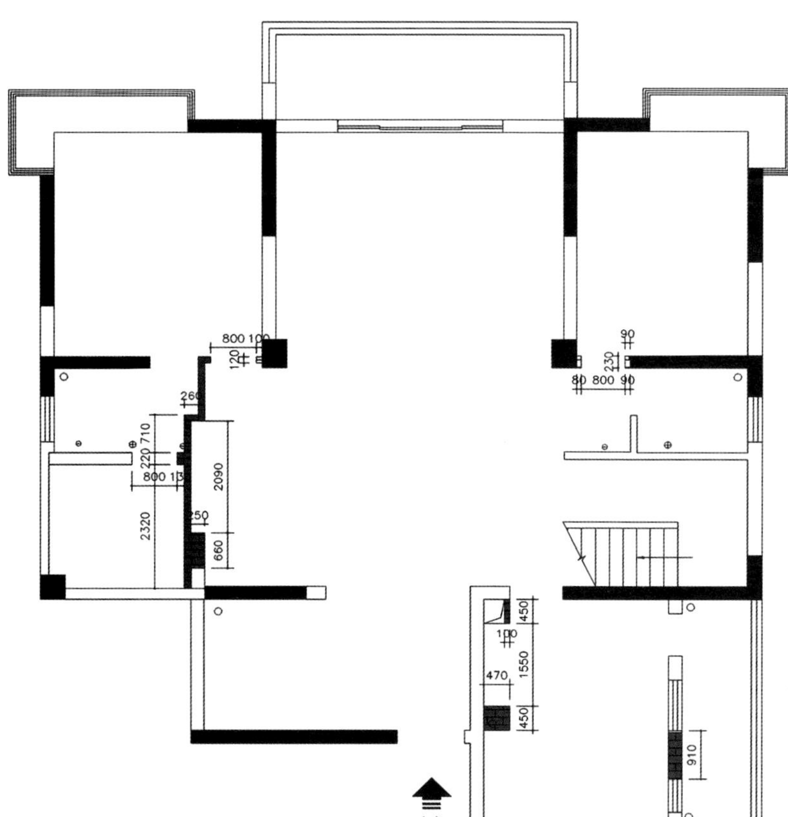


图7-49　一层砌墙位置图

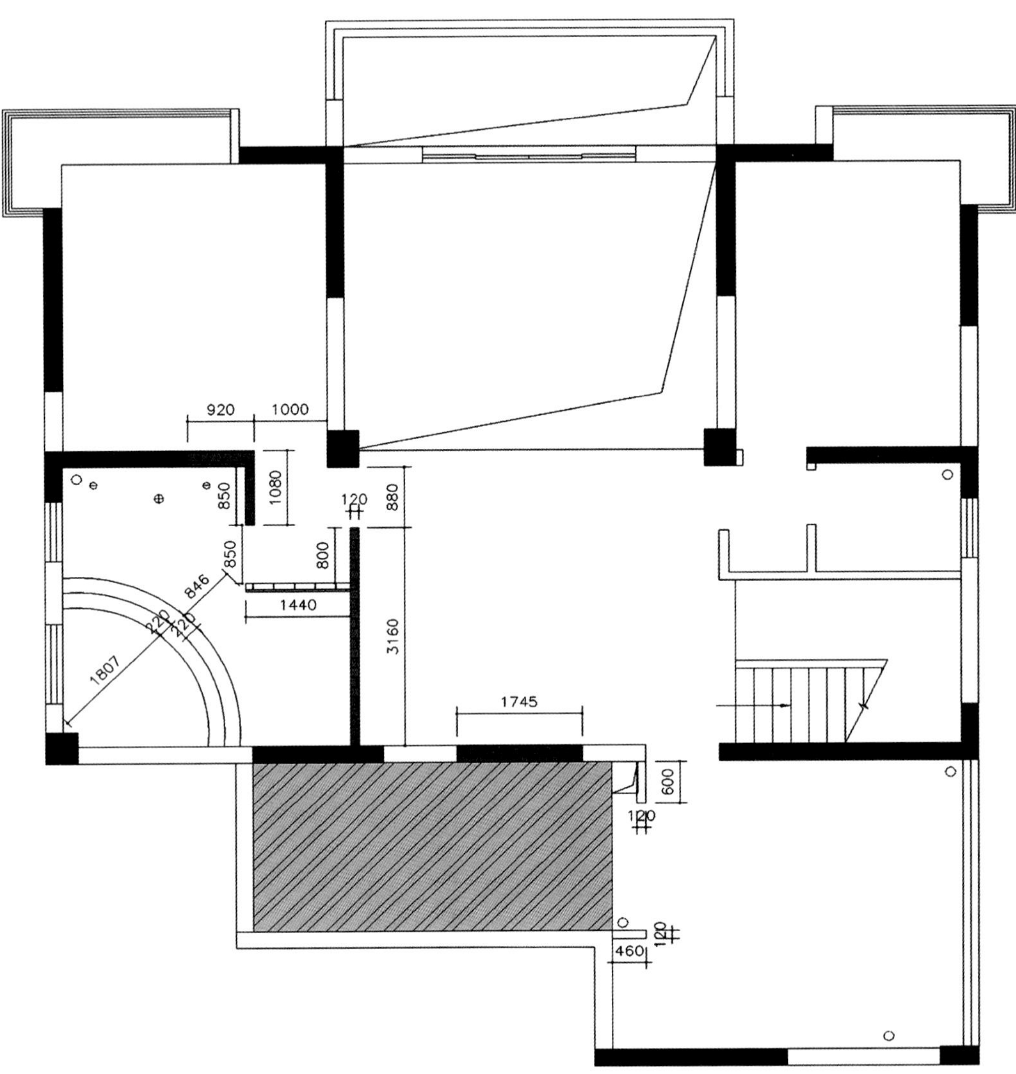


图7-50　二层砌墙、隔层位置图

3.平面布置图设计

(1)功能布局分析

①业主使用空间情况。分析客户家庭成员情况与空间要求特点(表7-5)。

**表7-5　业主家庭成员对空间需求**

| 家庭成员 | 基本情况 | 空间要求 |
|---|---|---|
| 夫妇俩 | 年龄：36~40岁左右，职业：大学教师。<br>爱好：旅行、音乐、写作、时尚设计。 | 男主人：独立办公、业余学习研究空间。<br>女主人：化妆空间、衣帽间、时尚饰品陈设空间。 |
| 小孩 | 10岁，小学四年级，属于学习知识阶段。 | 需要个人学习、休息的私密空间。 |
| 老人 | 年龄：65~70岁；行动不便。爱好：读书 | 采光充分、安静、无障碍的休息空间。 |

②住宅功能布局。合理的住宅空间布局，应能够科学地划分公共功能区、私密功能区、家务功能区，明确各个功能区的使用功能，确保其使用合理且互不干扰（图7-51、图7-52、表7-5）。

图7-51　一层功能分区图

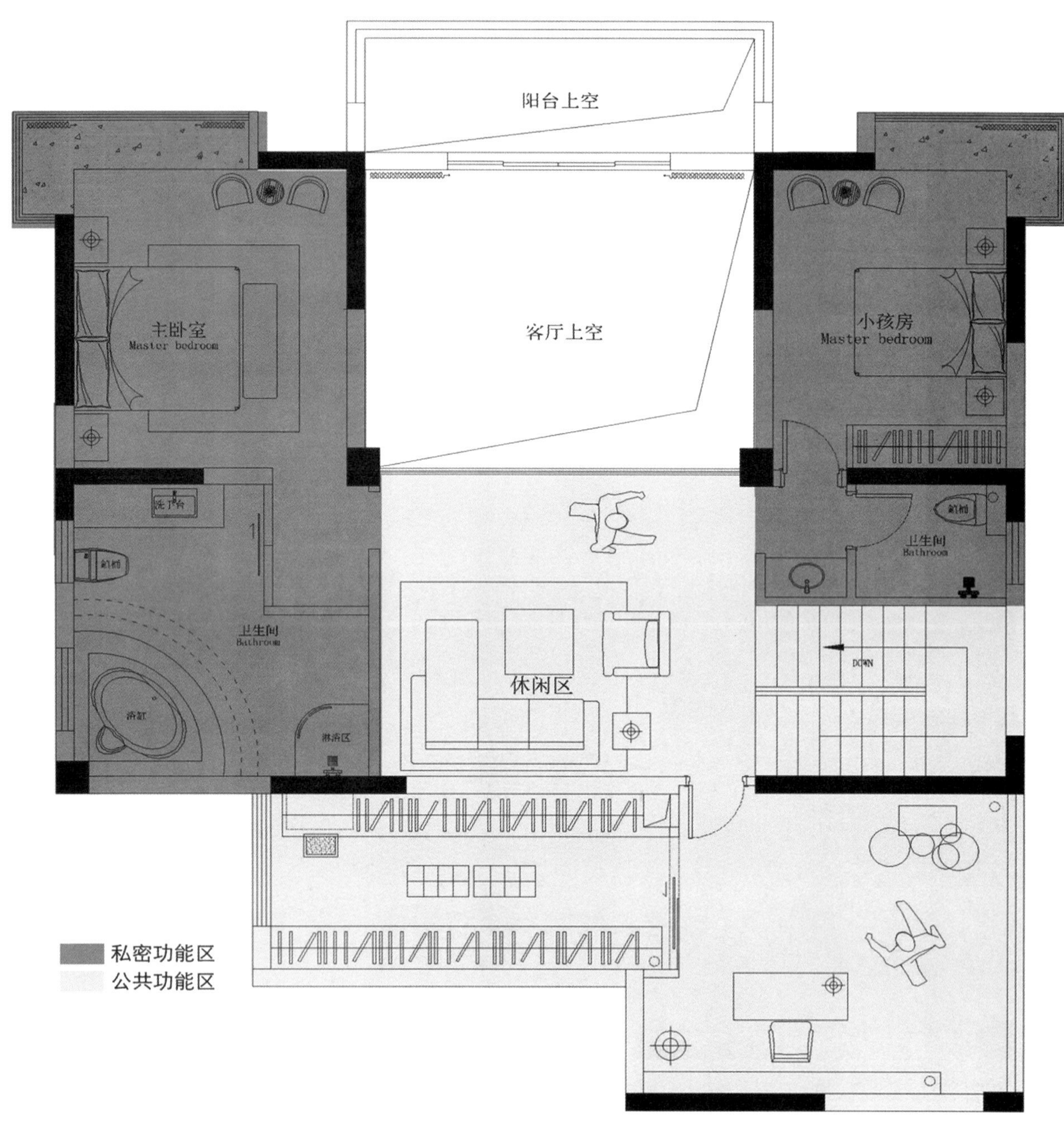


图7-52　二层功能分区图

表7-6　住宅各功能区构成

| 楼层 | 公共区 | 家务区 | 私密区 |
| --- | --- | --- | --- |
| 一楼 | 客厅、餐厅、吧台、玄关、储物间、公共卫生间 | 厨房、生活阳台 | 老人房（卧室、衣帽间、独立卫生间）；客人房 |
| 二楼 | 休闲区、书房、化妆间、衣帽间 | | 主卧、小孩房、卫生间 |

③完成平面布置图设计。平面布置图设计完成以下内容（图7-53~图7-56）：

●画出建筑主体结构，标注其开间、进深、门窗洞口等尺寸；

●画出各功能空间的家具、陈设、隔断、绿化等的形状、位置；

●标注装饰尺寸，如隔断、固定家具、装饰造型等的定形、定位尺寸。

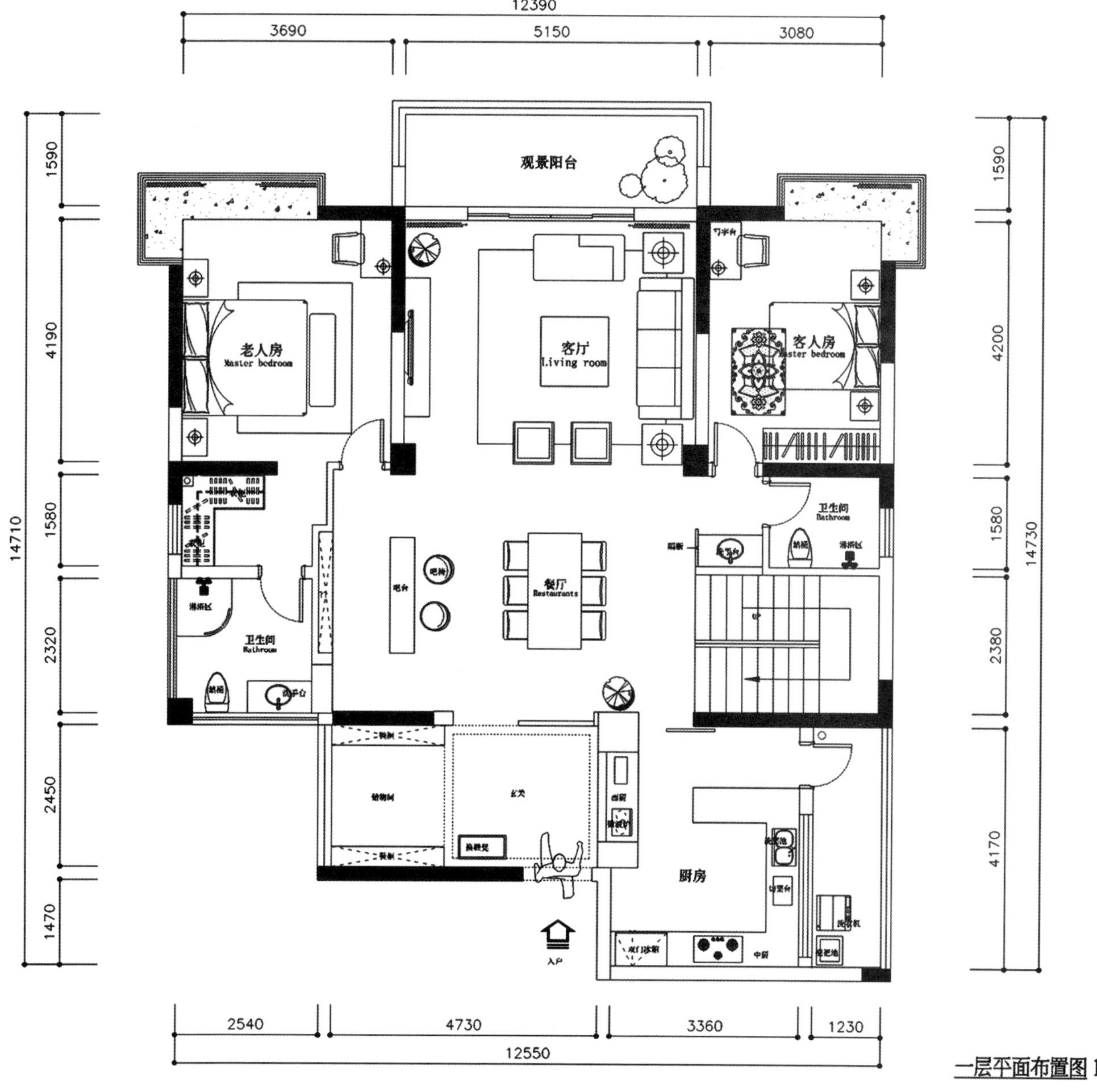


图7-53　一层平面布置图

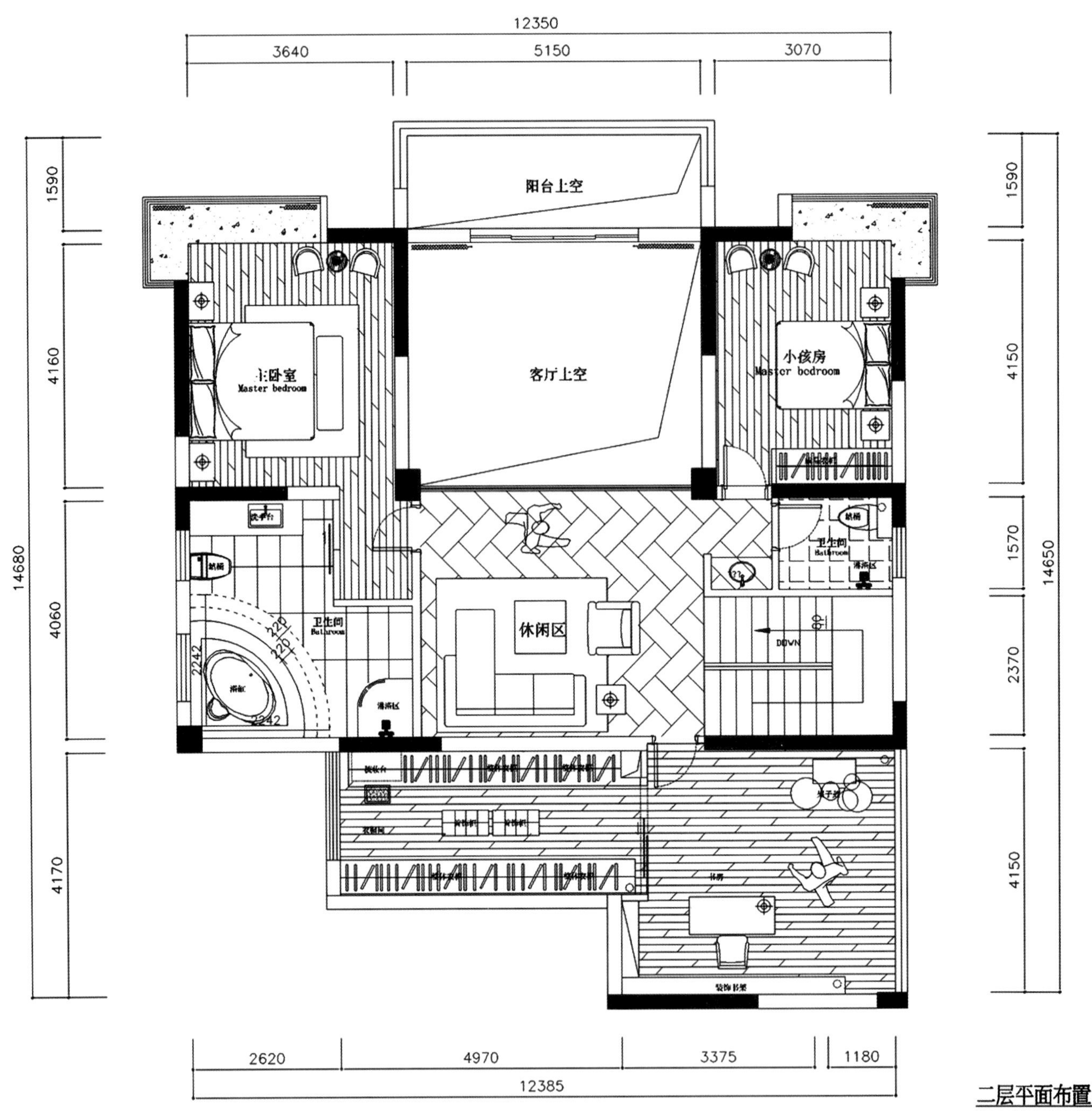


图7-54　二层平面布置图

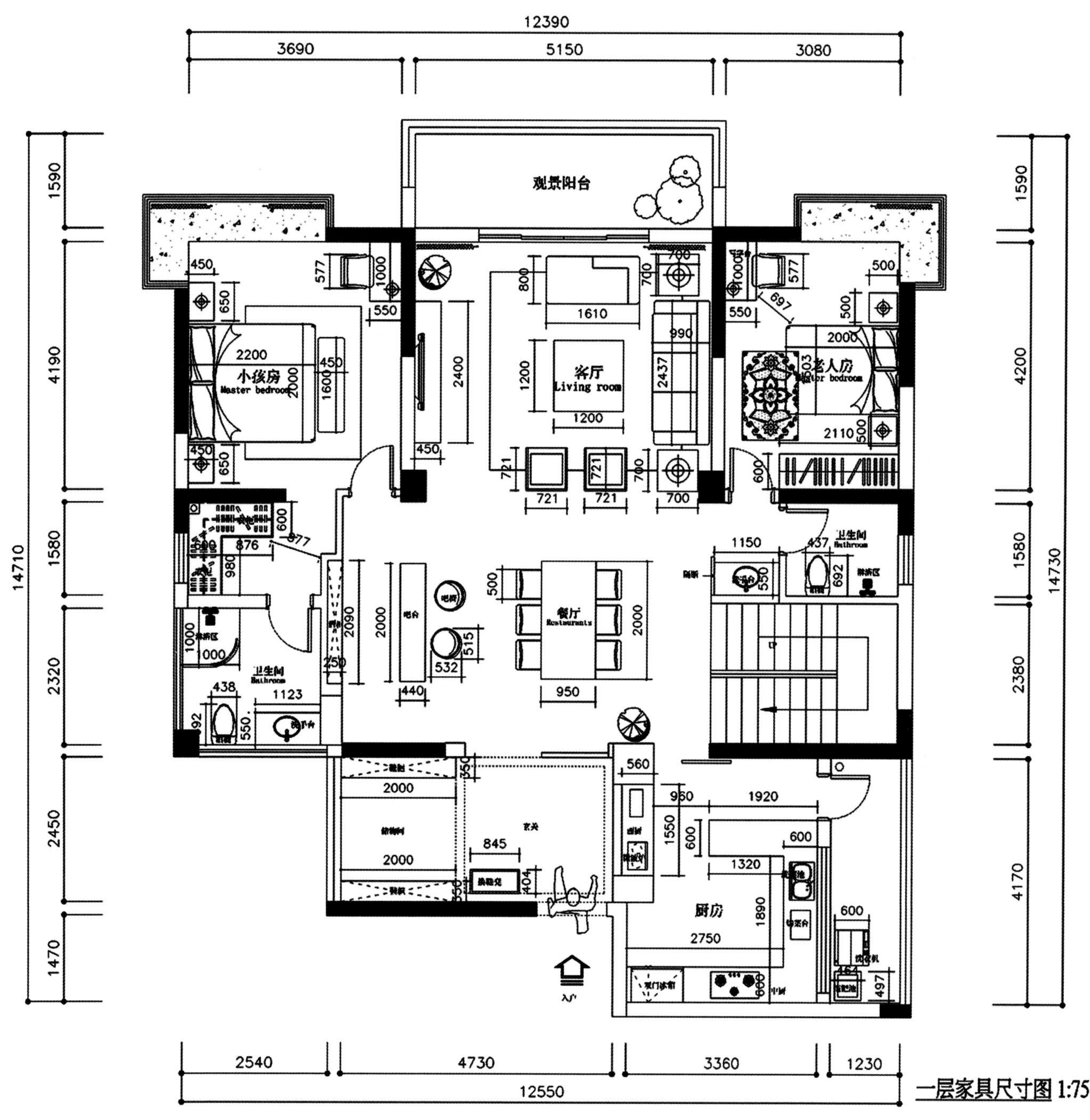


图7-55　一层家具尺寸图

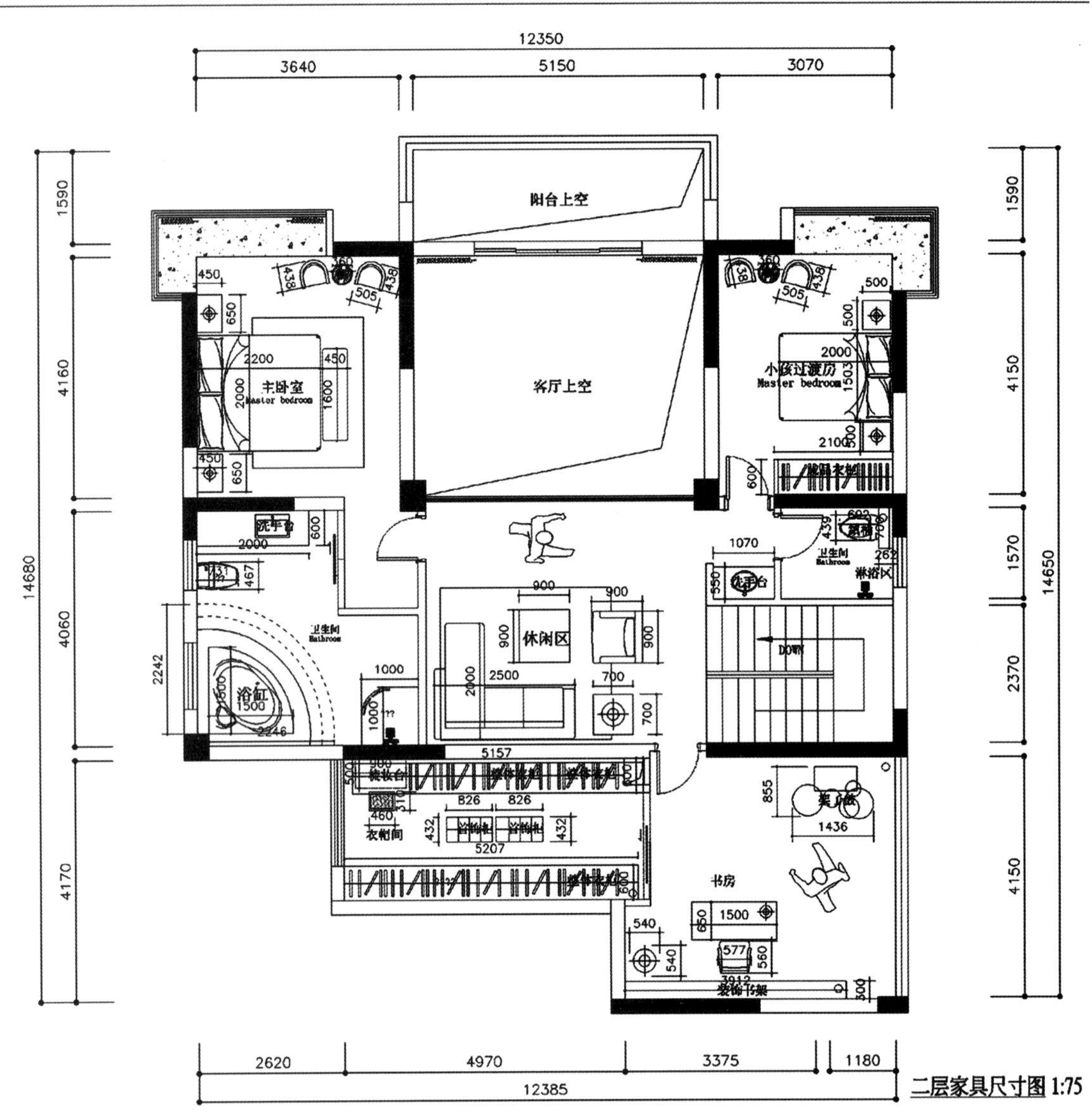

图7-56 二层家具尺寸图

## （三）设计表现

1.设计定位

通过前阶段的调查、收集、分析相关资料信息之后。根据业主的特点，与其分享设计师本人的优秀设计案例（图7-57~图7-60），探讨业主期望装饰设计效果，明确住宅设计风格定位。

2.方案设计

方案设计主要是完成空间界面设计、照明设计、陈设配饰设计等三大方面。

（1）空间界面设计

可采用手绘技法或电脑软件表现技术（3Dsmax、Vray、Photoshop等）设计空间界面的造型、色彩以及材质等方面。

①空间界面造型设计。以大方、简约为设计源点，运用对称、均衡等形式美法则设计住宅各空间的平、地、顶、立等建筑界面造型形态；空间隔断方式主要是运用吊顶、家具将空间区域划分，并未设计过多立面隔断。

②空间界面色彩设计。为削弱因空间界面的方直造型带来的冷峻感，居室空间的整体色彩系统以暖调为主色调，其邻近色为辅。在住宅的天花板、墙壁、门窗、地板等地方采用以米黄色为主，咖啡色、金色、褐色等为辅的色彩，营造喜悦、轻松、温馨的居家环境（图7-61）。

图7-57 设计意向图（混搭风格）

图7-58 设计意向图（现代时尚风格）

图7-59　设计意向图（现代欧式风格）

图7-60　设计意向图（现代中式风格）

图7-61　空间色彩关系

③空间界面材质运用。遵循安全、美观、环保等原则，并根据各个空间界面结构特点，选用能充分体现界面造型形态的材料，主要有大理石、木地板、防滑砖、马赛克、软包材料、仿大理石瓷砖、地毯、墙纸等（表7-7）。

表7-7　空间界面的主要材料

| 名称 | 图示 | 使用空间 | 名称 | 图示 | 使用空间 |
|---|---|---|---|---|---|
| 木地板 | | 卧室、书房、衣柜间、休闲区 | 软包材料 | | 酒吧台、客厅墙面、酒柜、储物间柜门、书架、卧室飘窗等 |
| 金镶玉大理石 | | 卫生间 | | | 老人房床头墙、飘窗等 |
| 爵士白大理石 | | 客厅墙面、吧台、卧室飘窗 | 地毯 | | 卧室、玄关区储物间 |
| 咖啡网大理石 | | 餐桌、门槛石、饰品底座 | 防滑砖 | | 卫生间、厨房、生活阳台灯 |
| 仿大理石瓷砖 | | 餐厅、客厅 | 金属马赛克 | | 卫生间 |
| 地毯 | | 客厅 | 墙纸 | | 卧室、书房 |

（2）照明设计

根据各个功能区的空间性质和使用要求，以黄色、白色两种光源为主，并采用整体照明、局部照明、装饰照明等方式设计居室空间光照效果（图7-62~图7-65）。

①公共区域照明：以高明度的吊灯为主光源，营造清爽明晰的视觉效果；以顶棚灯、筒灯、射灯、台灯、落地灯等为辅助光进行局部照明，增强空间氛围的层次感。

②家务区域照明：采用吊顶集成的高明度的光源，并在墙面、橱柜等地方做辅助光源。

③私密区域照明：该区域的整体照明度较低，并通过台灯、筒灯等光源进行局部重点照明，增强空间私密感。

④休闲区域照明：整体照明度较低。顶棚灯带和吊灯控制该区域照明效果，并对墙体

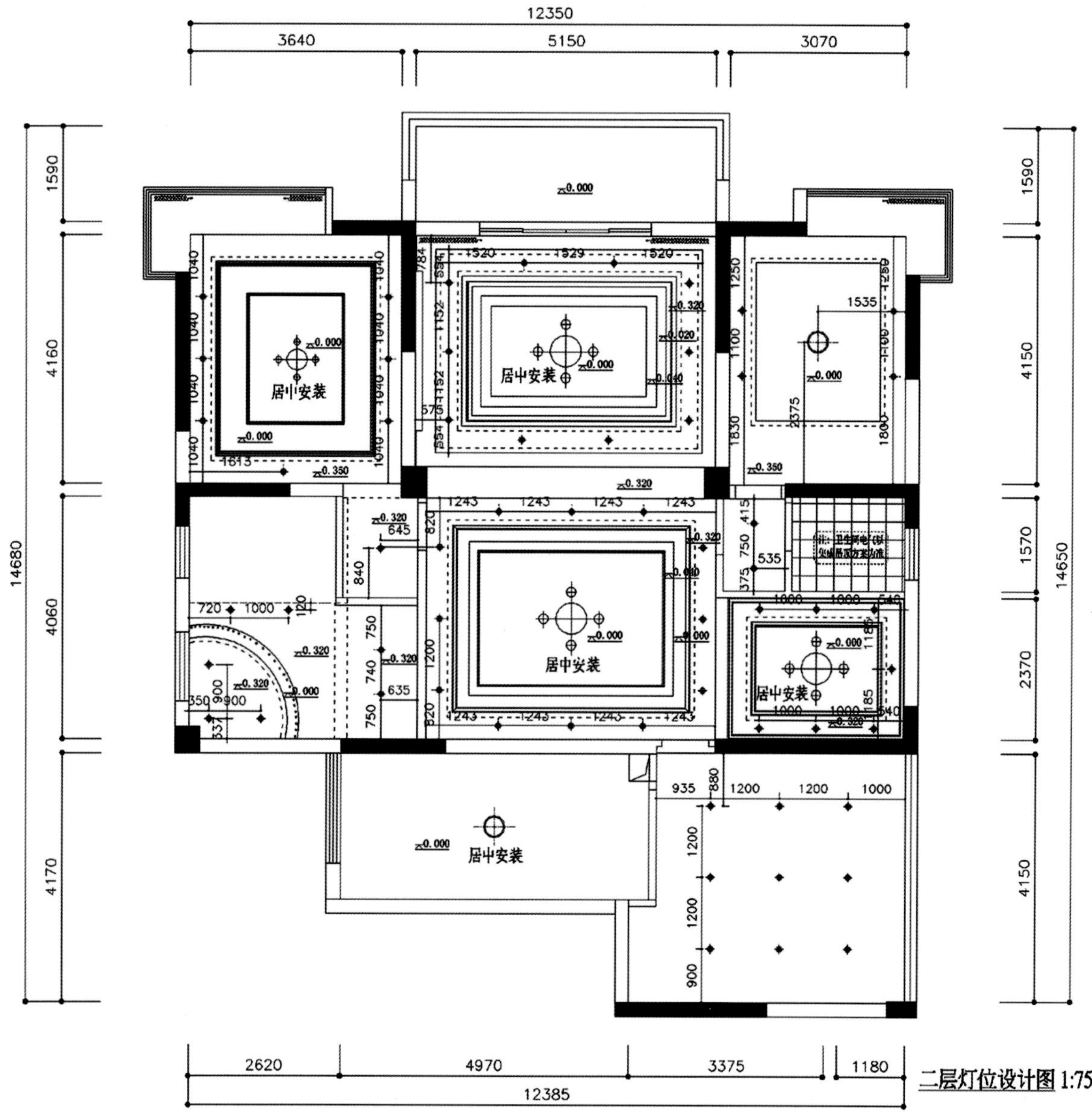


图7-62　二层灯位设计图

作非均匀照明，营造轻松、休闲的空间氛围。

⑤楼梯过道：采用高照明度的宽光束的灯做整体照明，窄光束的灯做局部重点照明。

（3）陈设配饰设计

业主期望的空间格调是既低调、精致，又不乏豪华。按照业主的想法，设计师以新装饰主义风格精心设计居室空间的陈设配饰。将天然浑成的根雕、斧凿刻痕的石材、寓意祥和的荷花、喜庆娇艳的花卉、现代抽象艺术品般的屏风、舒服的布艺、温馨暖意的灯光等饰品经巧妙地搭配，营造了既呈现着精简时尚气息，又蕴含奢华感的独特空间气氛（图7-66至图7-77）。

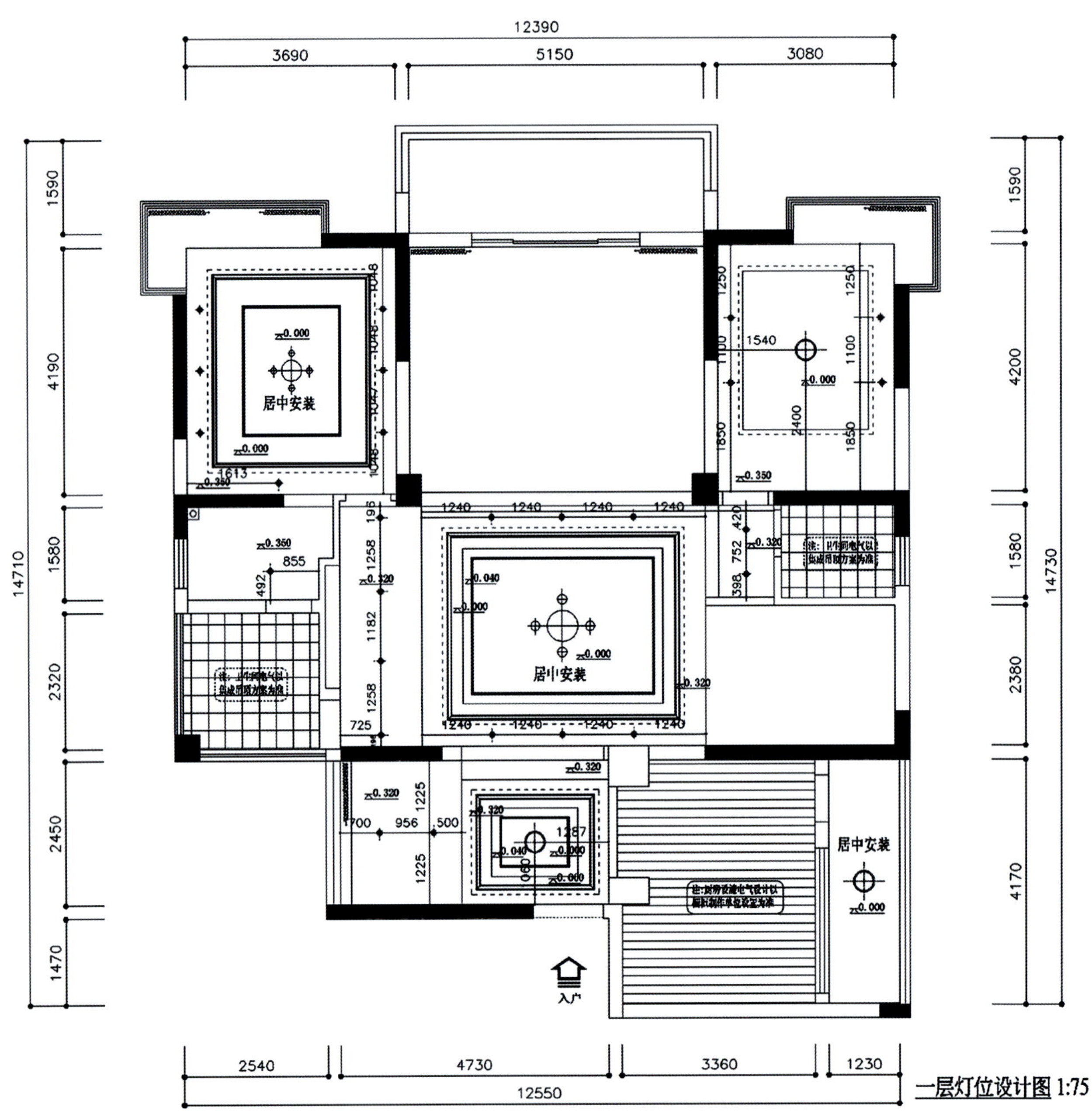


图7-63　一层灯位设计图

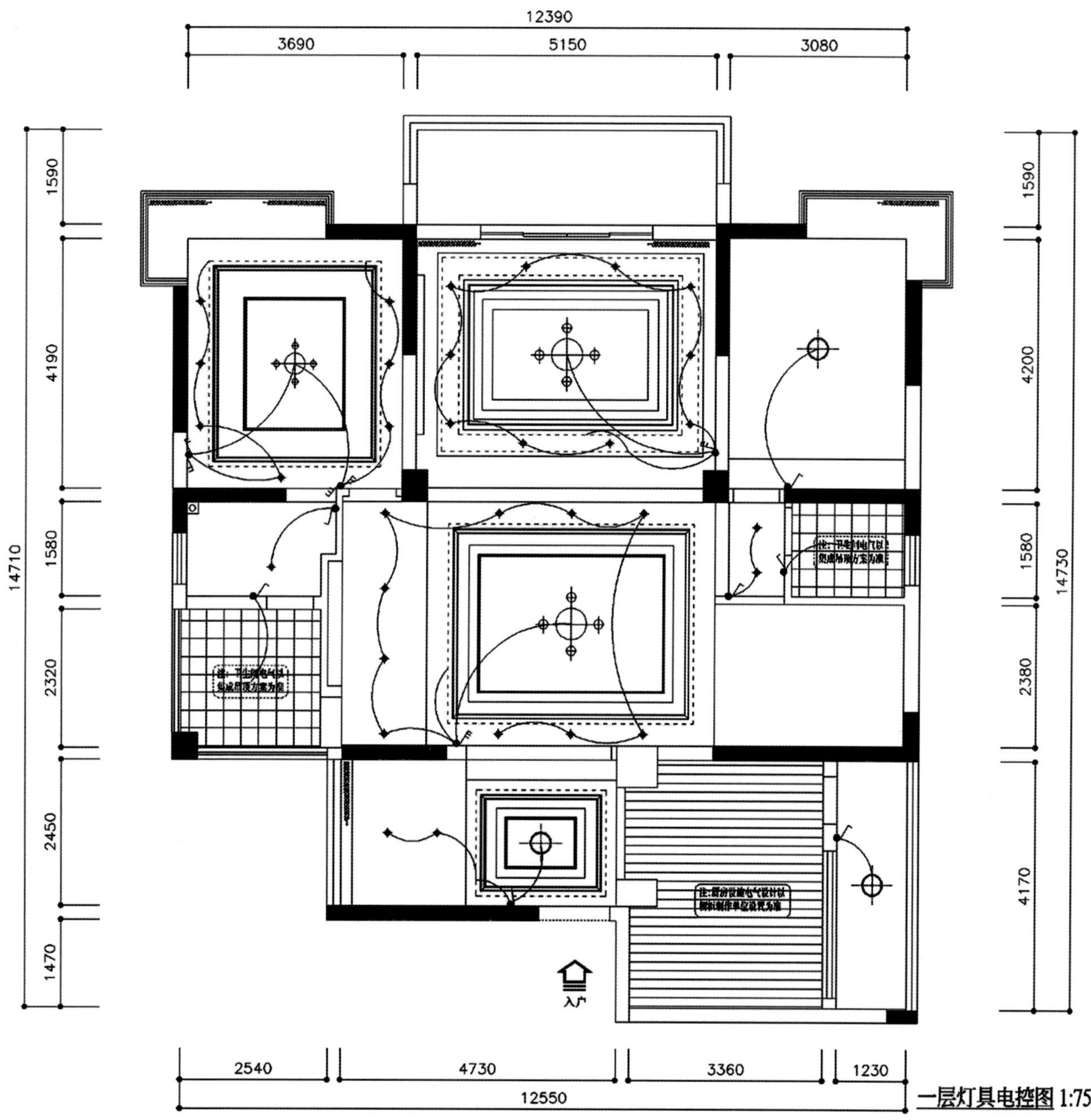


图7-64　一层灯具电控图

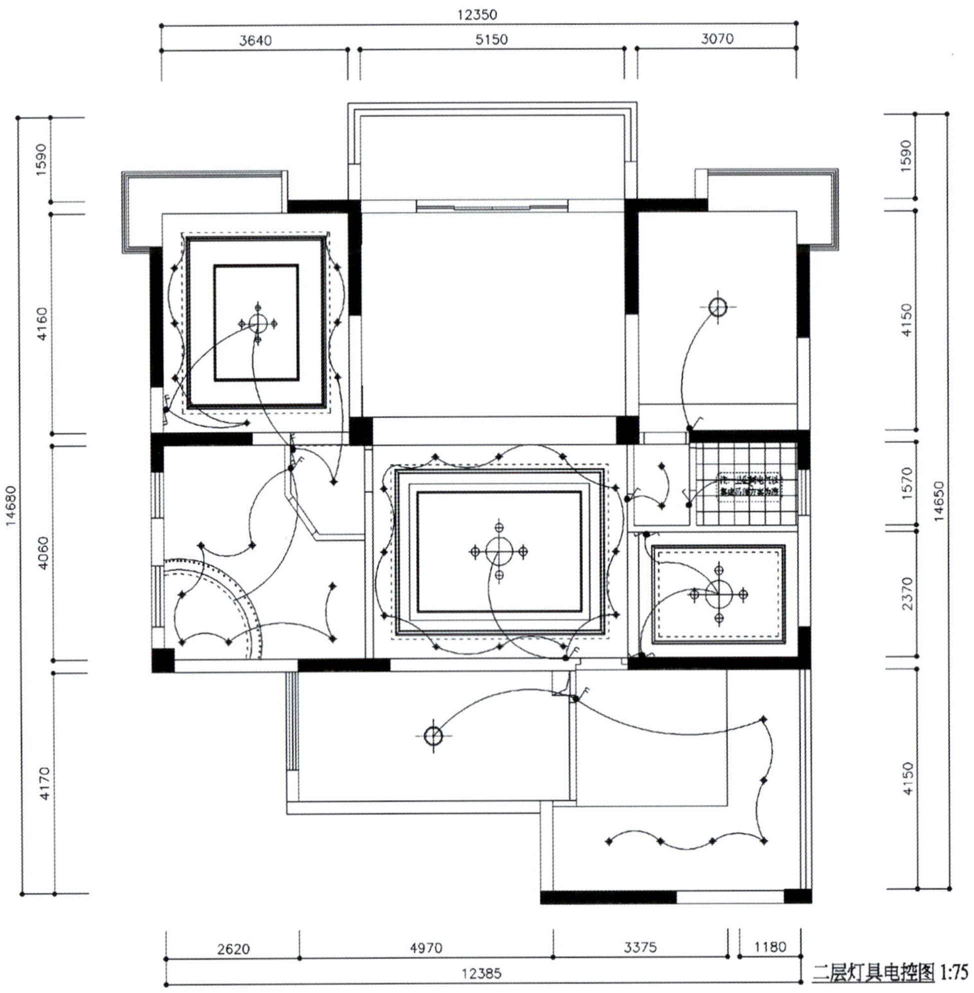


图7-65　二层灯具电控图

图7-66　玄关储物间设计效果

图7-67　玄关屏风设计效果

图7-68　客厅（电视背景）设计效果

图7-69　客厅（沙发背景）设计效果

图7-70　餐厅设计效果

图7-71　餐厅与客厅隔断设计效果

图7-72　书房设计效果

图7-73　小孩房设计效果

图7-74　小孩房卫生间设计效果

图7-75　老人房设计效果

图7-76　主卧设计效果

图7-77　主卧卫生间设计效果

3.施工图绘制

施工图是影响设计方案的最终效果和工程施工质量的关键。因此，施工图绘制是一项严肃而认真的技术工作，通过绘制工程施工平面图、剖面图和大样图等，将施工工艺、构造、尺寸及材料特性等准确地标注出来。保证装修工人能够按照施工图进行施工作业。

本项目的施工图纸，除了绘制项目平面布置图外，还需绘制以下图纸：

①绘制地面铺砖图、天花设计图、插座布置图等（图7-78～图7-83）。

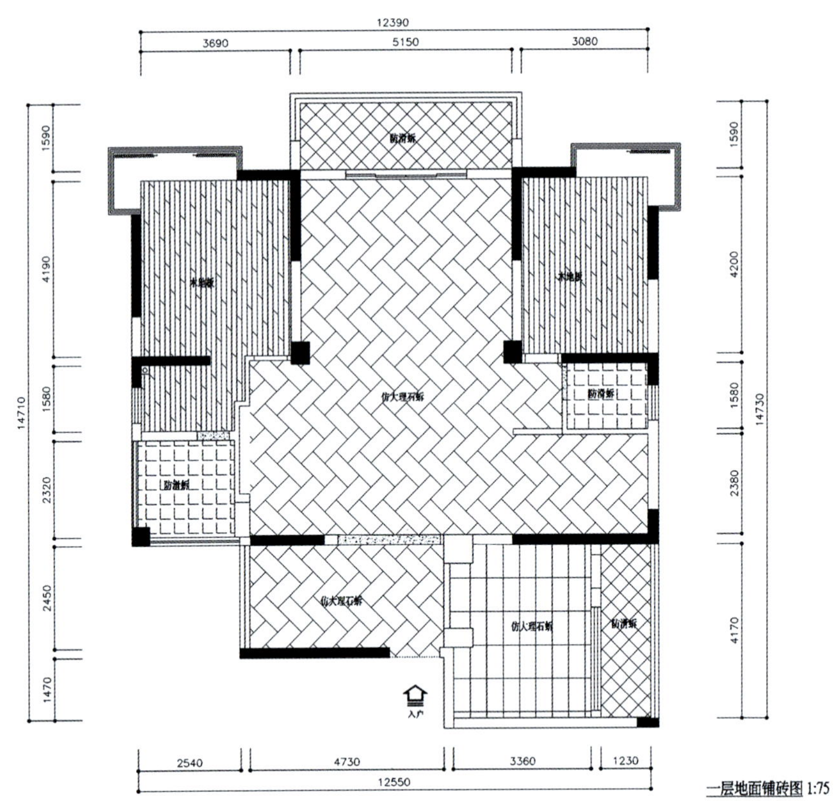


图7-78　一层地面铺砖图

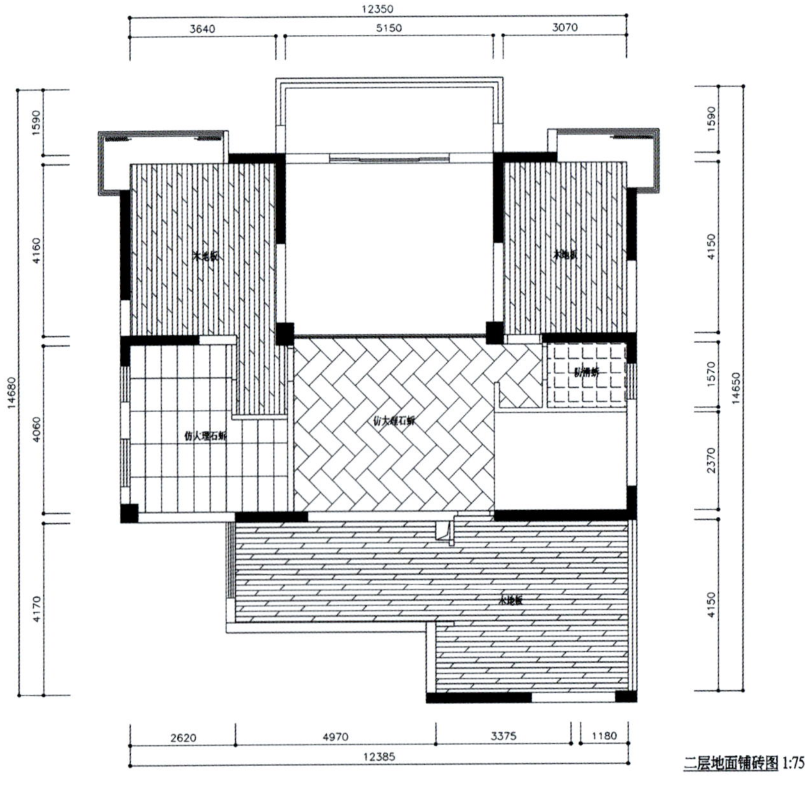


图7-79　二层地面砖装图

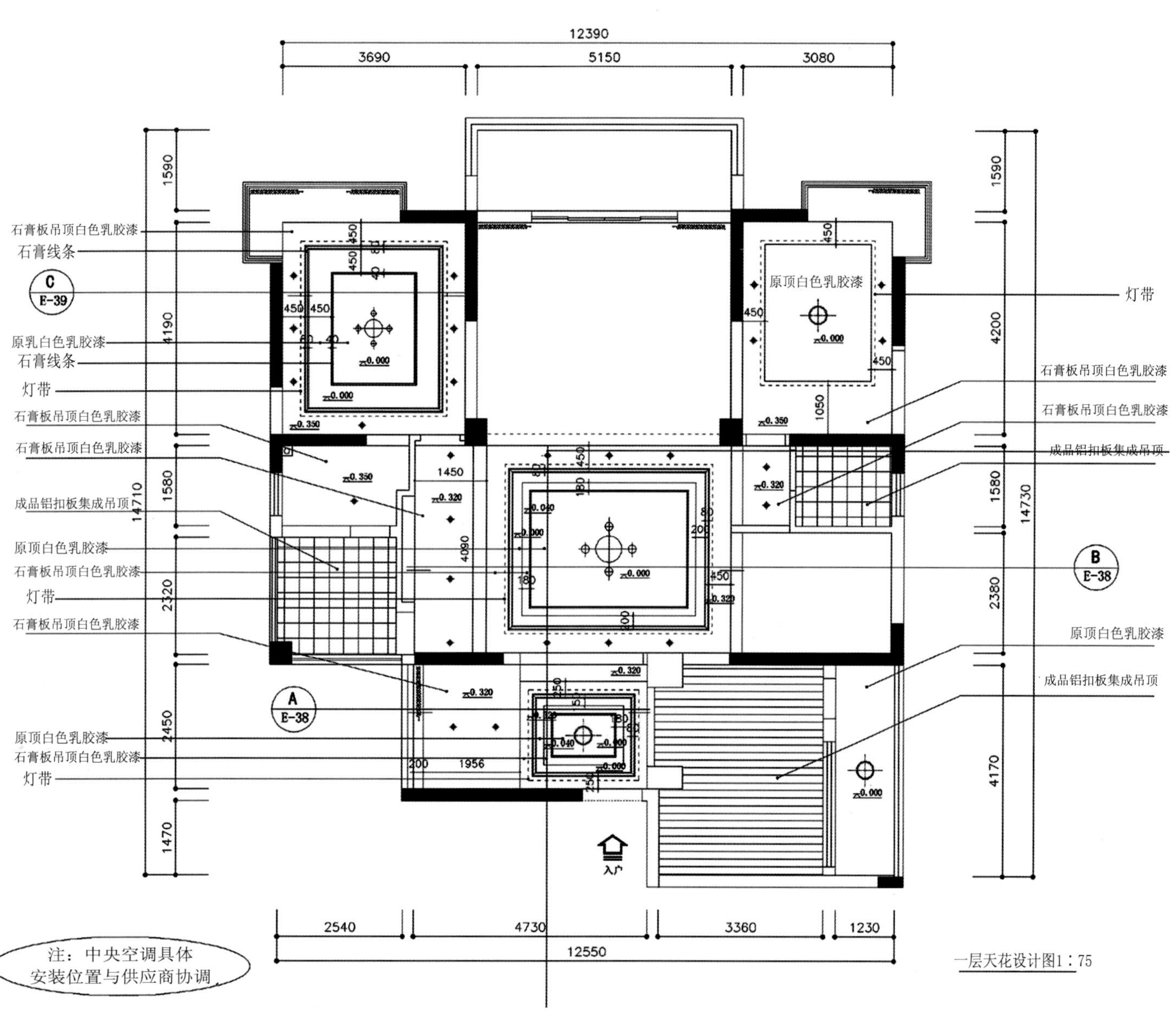


图7-80　一层天花设计图

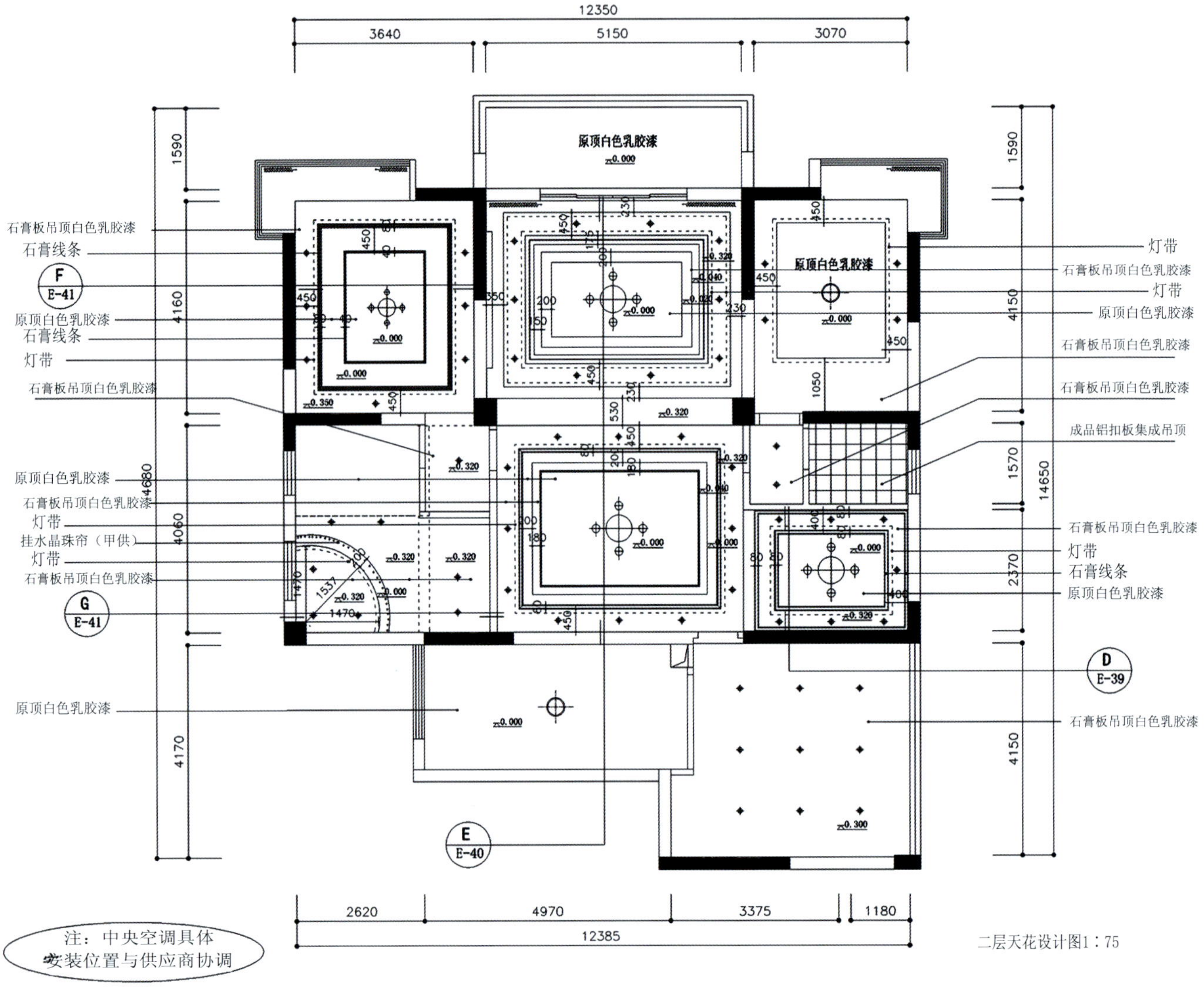

12350
3640 5150 3070

1590 4160 4680 4060 4170
1590 4150 1570 14650 2370 4150

原顶白色乳胶漆
石膏板吊顶白色乳胶漆
石膏线条
原顶白色乳胶漆
石膏线条
灯带
石膏板吊顶白色乳胶漆
原顶白色乳胶漆
石膏板吊顶白色乳胶漆
灯带
挂水晶珠帘（甲供）
灯带
石膏板吊顶白色乳胶漆
原顶白色乳胶漆

灯带
石膏板吊顶白色乳胶漆
灯带
原顶白色乳胶漆
石膏板吊顶白色乳胶漆
石膏板吊顶白色乳胶漆
成品铝扣板集成吊顶
石膏板吊顶白色乳胶漆
灯带
石膏线条
原顶白色乳胶漆
石膏板吊顶白色乳胶漆

F E-41
G E-41
E E-40
D E-39

2620 4970 3375 1180
12385

注：中央空调具体安装位置与供应商协调

二层天花设计图1：75

图7-81　二层天花设计图

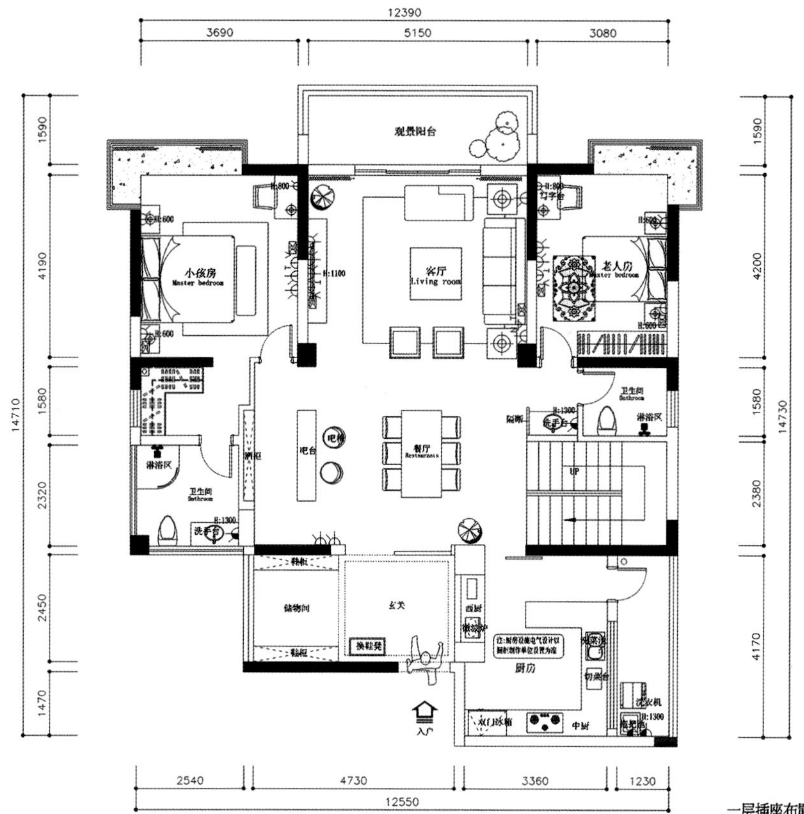


图7-82 一层插座布置图

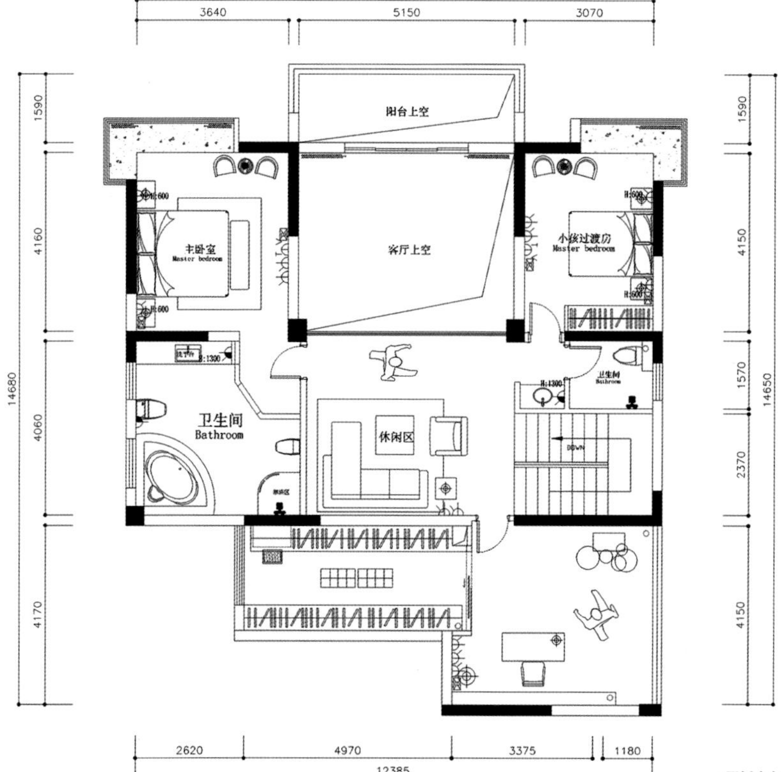


图7-83 二层插座布置图

②绘制玄关、卧室、客厅、餐厅、休闲区、楼梯等立面图（图7-84~图7-90）。

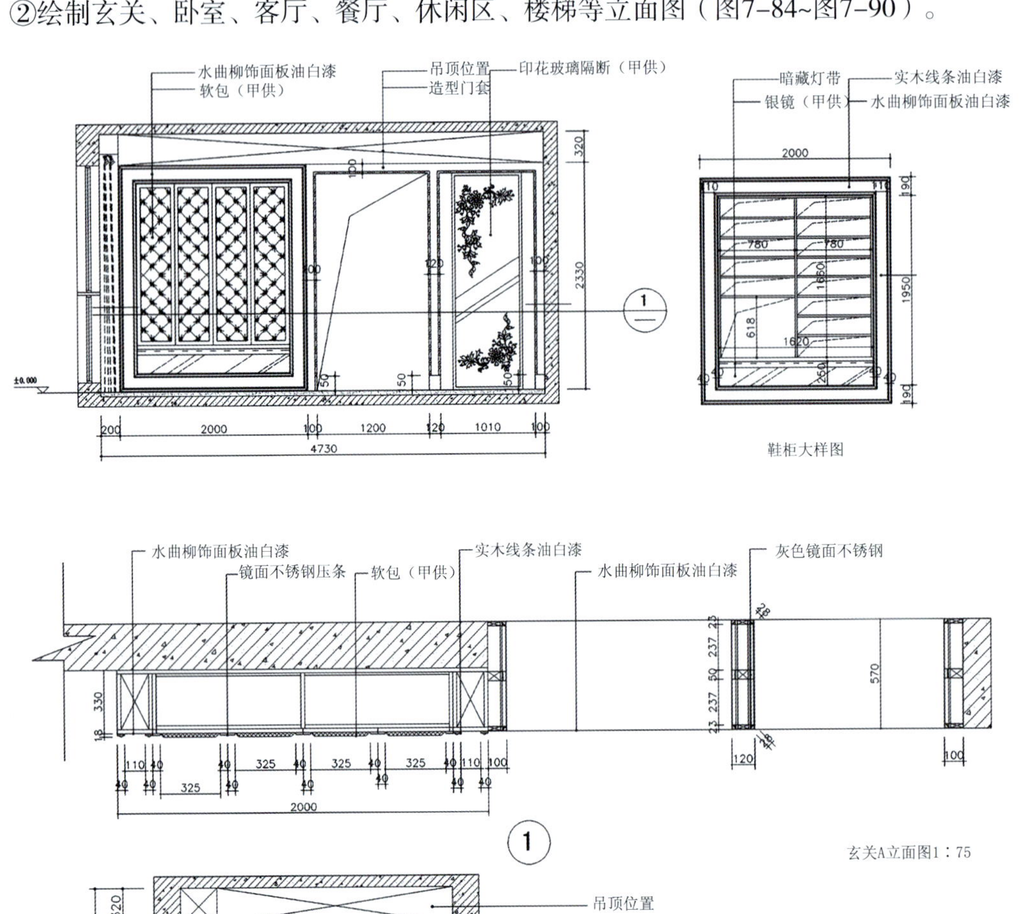


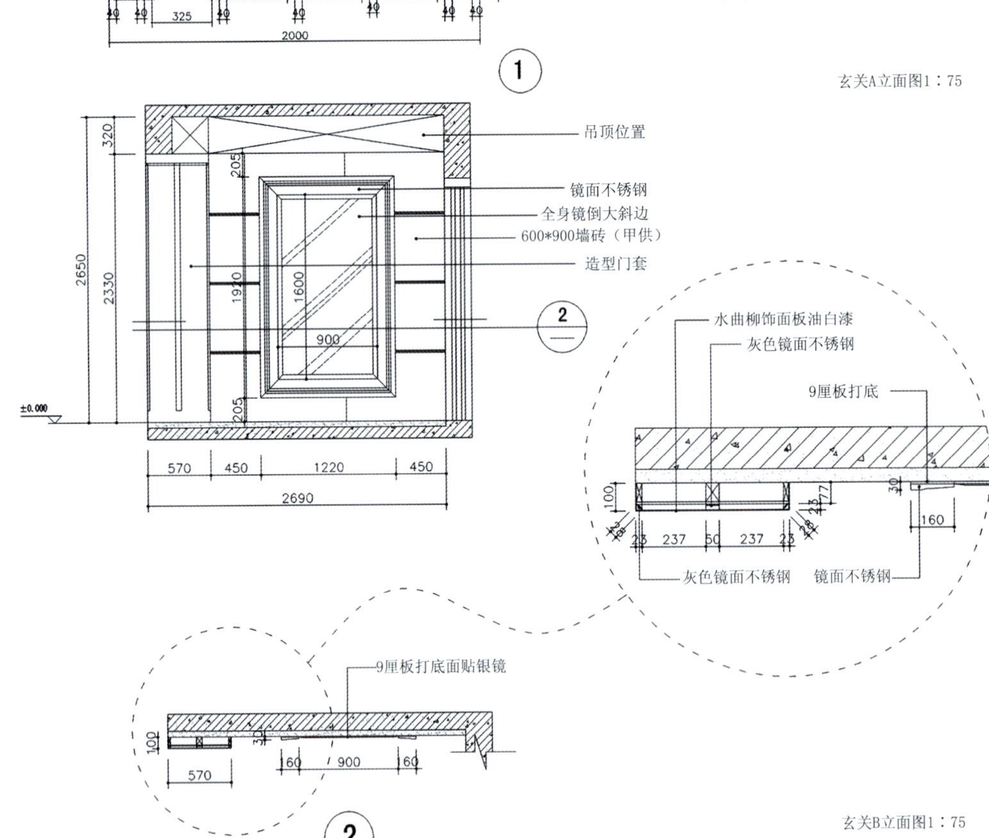


图7-84　玄关立面图

吊顶位置
实木线条油白漆
镜面不锈钢压条
软包（甲供）
水曲柳饰面板油白漆
600*900墙砖（甲供）
暗藏灯带
面贴银镜（甲供）
±0.000
200
320
2650
2330
2330
120
1200
1210
2000
200
4730
3
2000
190
110
110
598
780
780
1660
1620
1950
250
40
40
40
190
实木线条油白漆
水曲柳饰面板油白漆
鞋柜大样图
330
T5灯管（甲供）
银镜（甲供）
3
玄关C立面图1：75

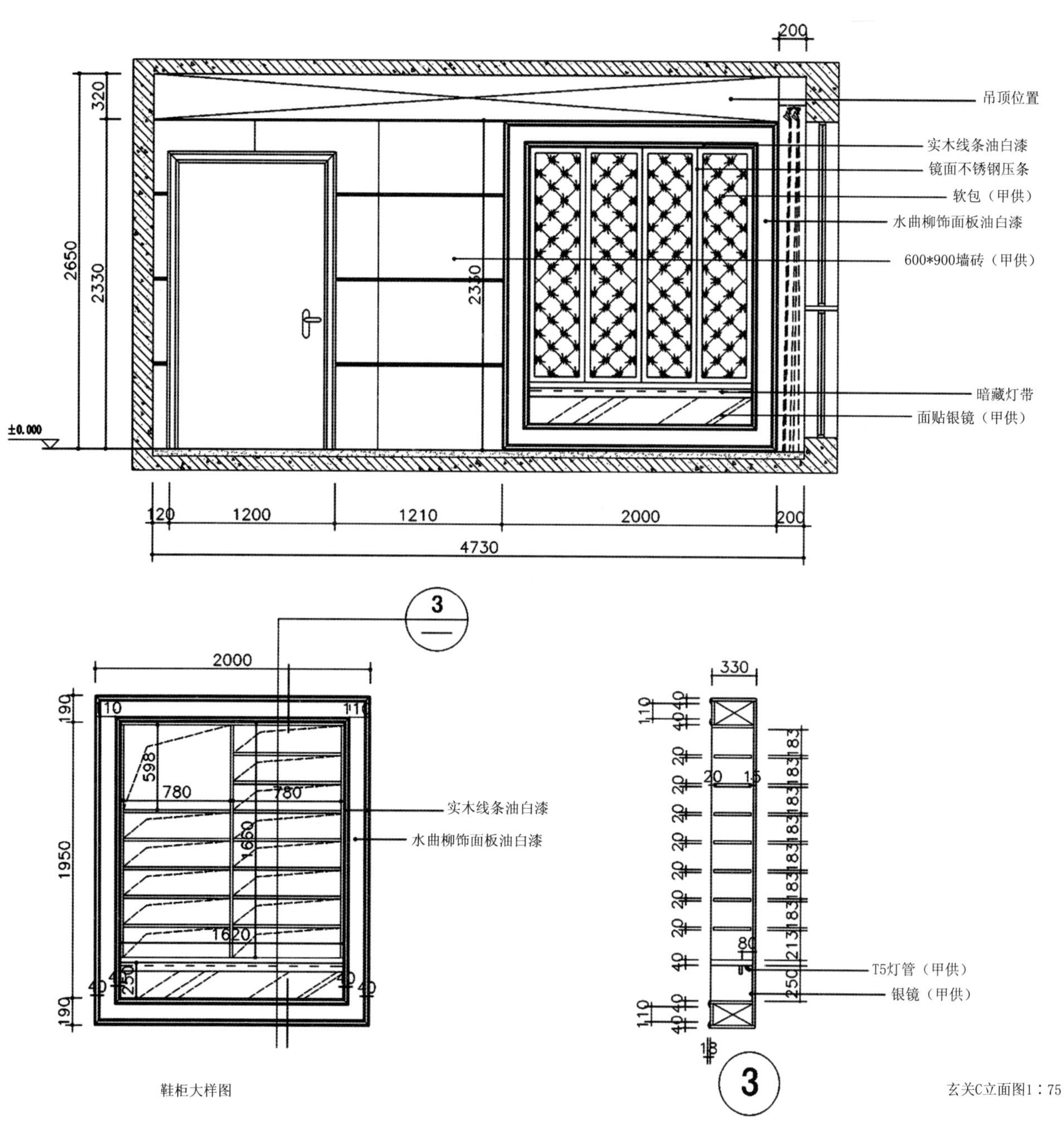

图7-85　玄关立面图

4
吊顶位置
镜面不锈钢
玻璃隔板
水曲柳饰面板油白漆
9厘板打底面贴
印花玻璃（甲供）
9厘板打底面贴银镜
大理石线条
320
2425
2745
±0.000
500
914
500
650
614
650
536
1000
2090
1000
4180
水曲柳饰面板油白漆
水曲柳饰面板油白漆
水曲柳饰面板油白漆
9厘板打底面贴银镜
大理石线条
250
50
4
餐厅D立面图1：75

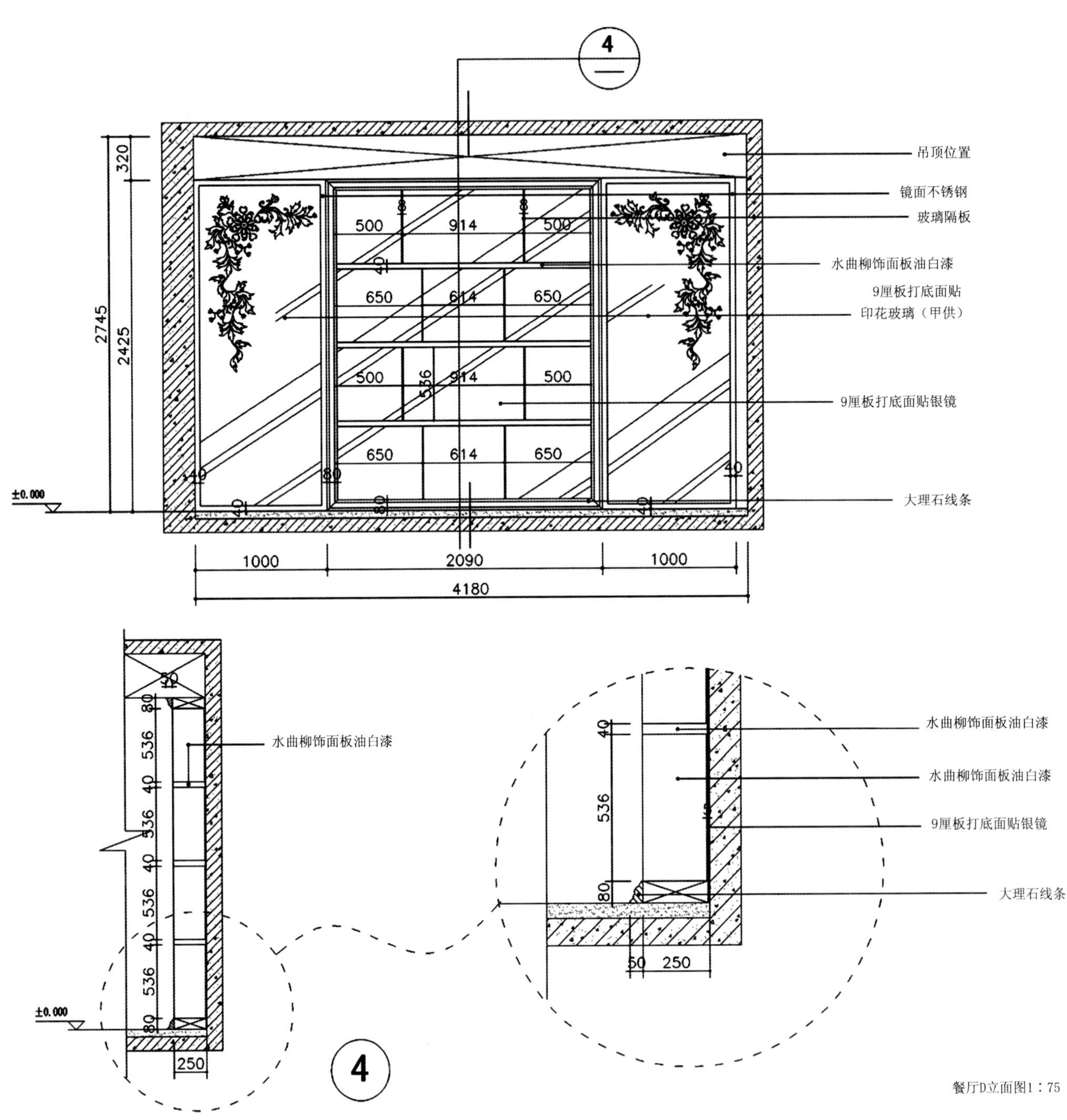

图7-86　餐厅立面图

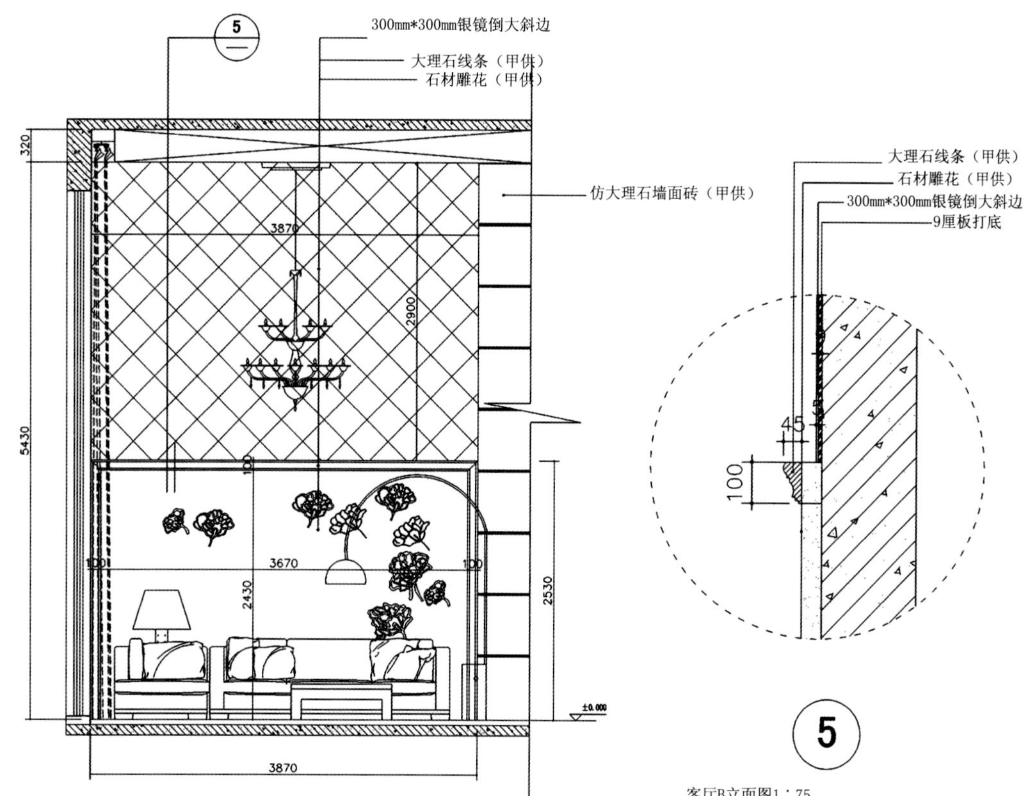


图7-87　客厅立面图

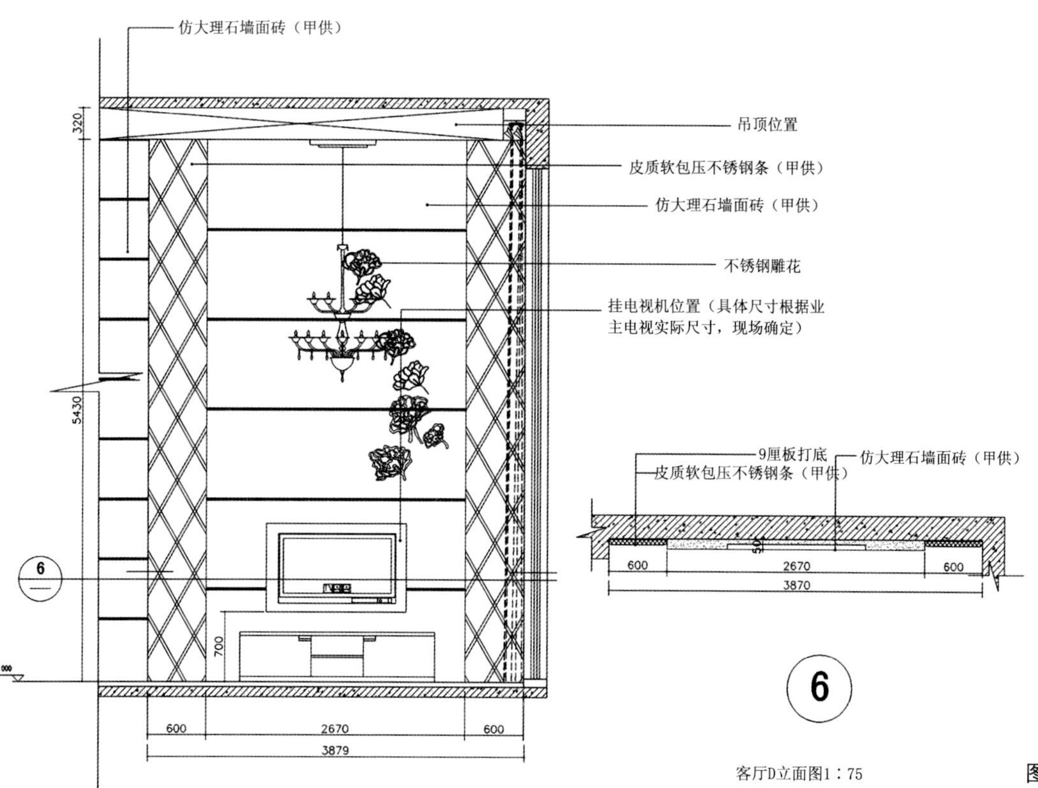


图7-88　客厅立面图

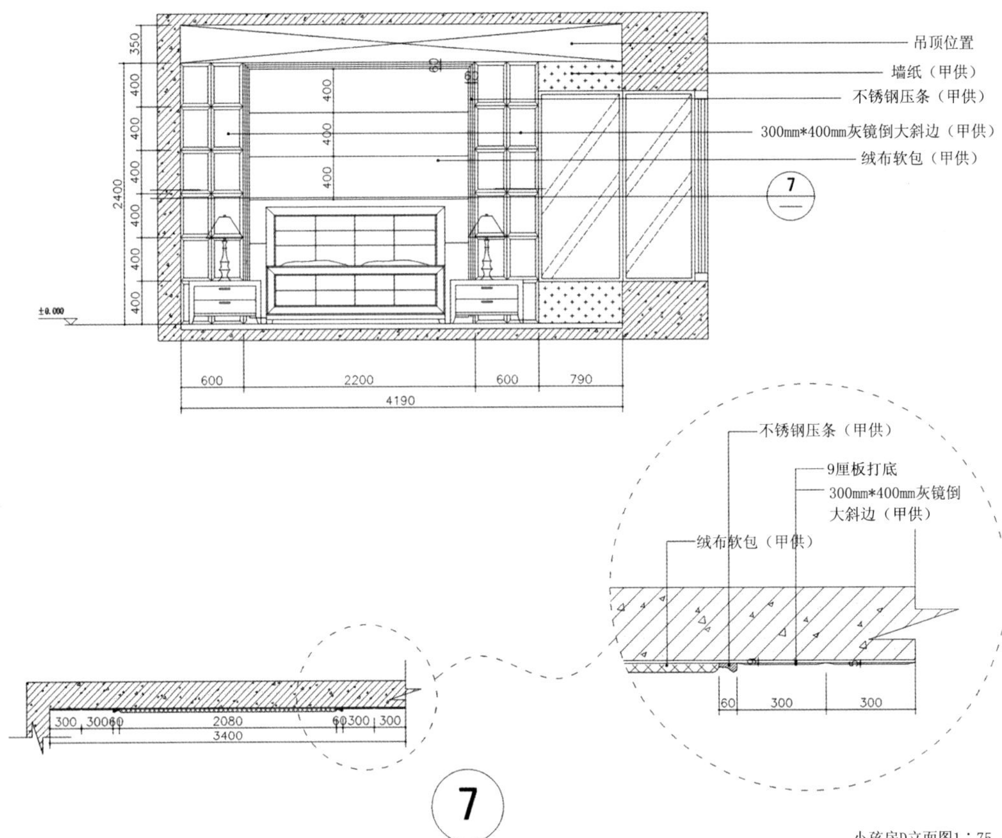


图7-89 小孩房立面图

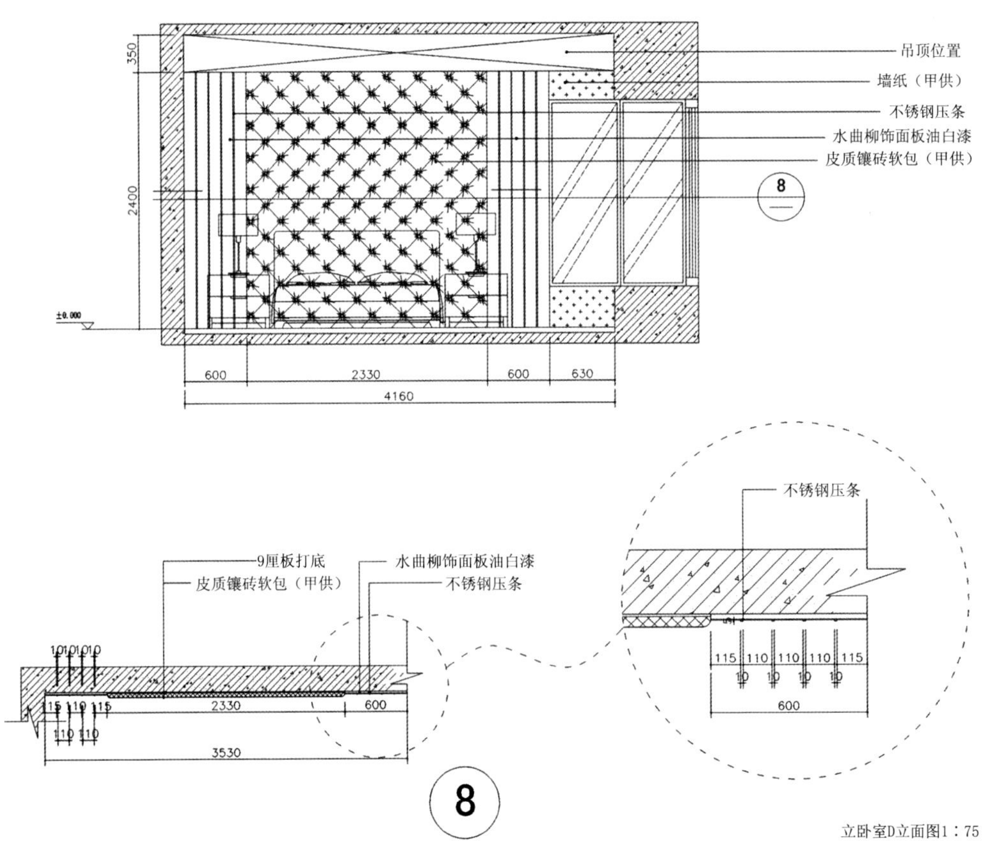


图7-90 主卧室立面图

③绘制吧台施工大样图（图7-91）。

④绘制卧室、客厅、餐厅等的吊顶剖面图（图7-92~图7-95）。

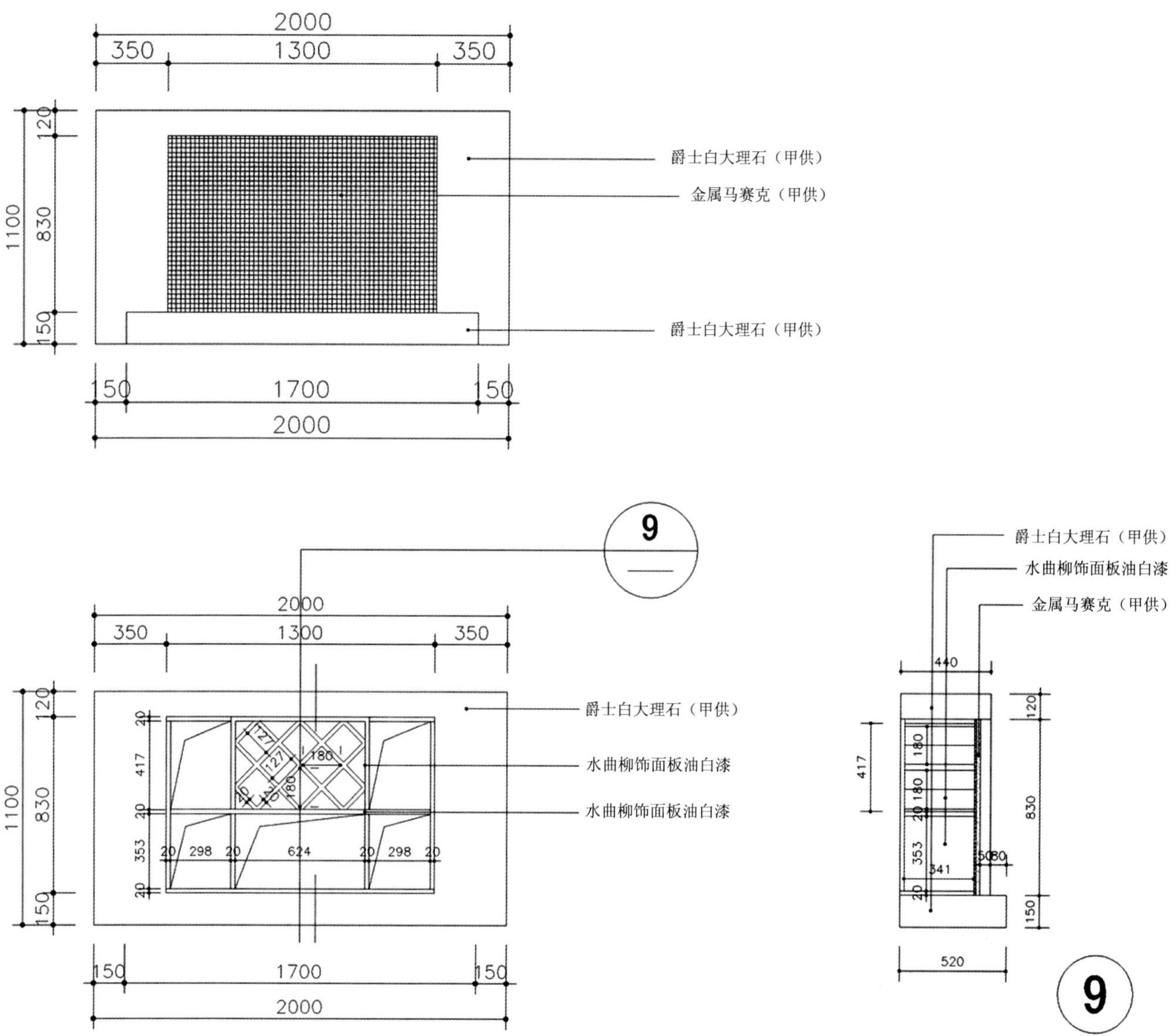


图7-91　吧台大样图

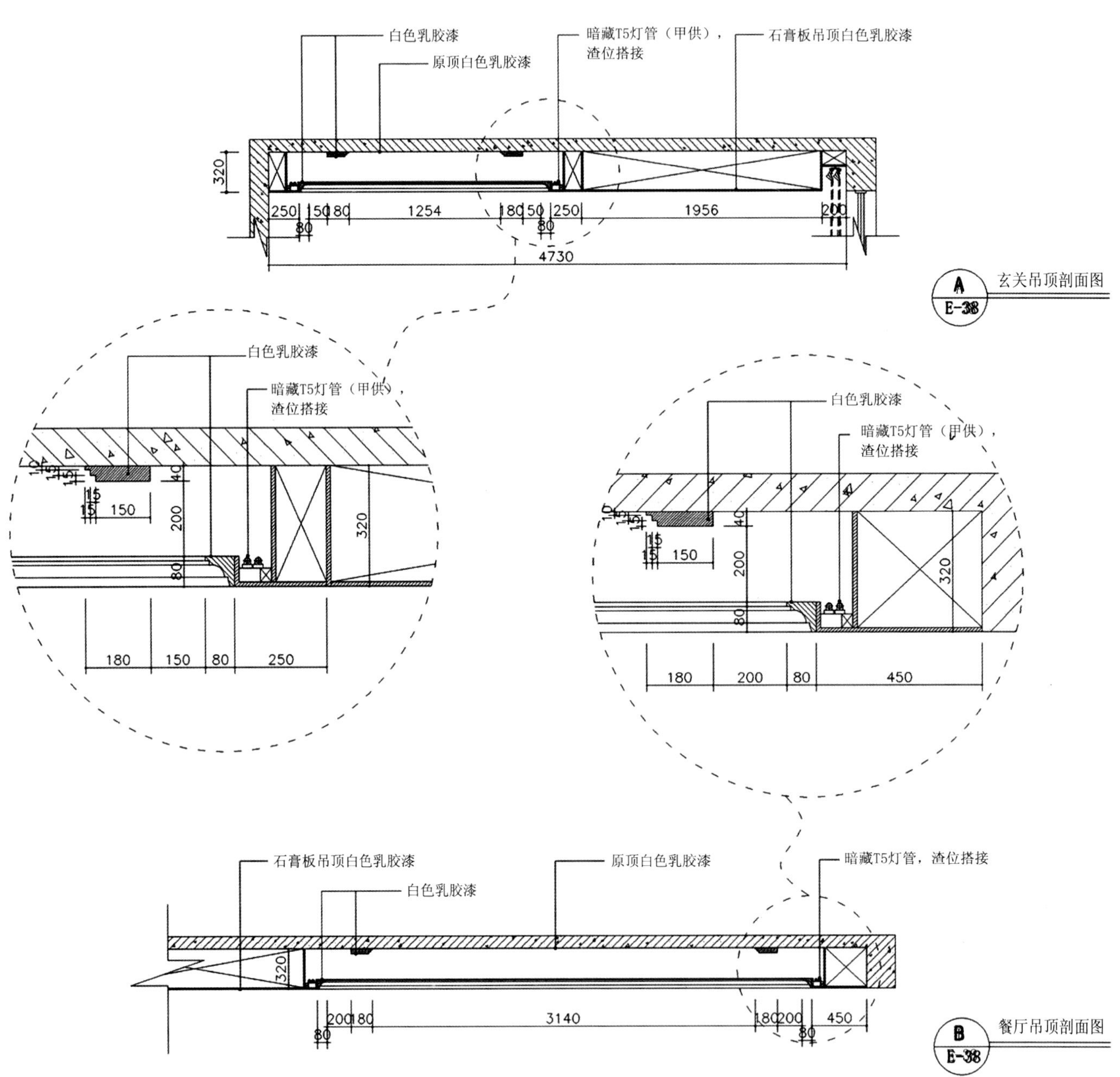


图7-92　玄关、餐厅吊顶剖面图

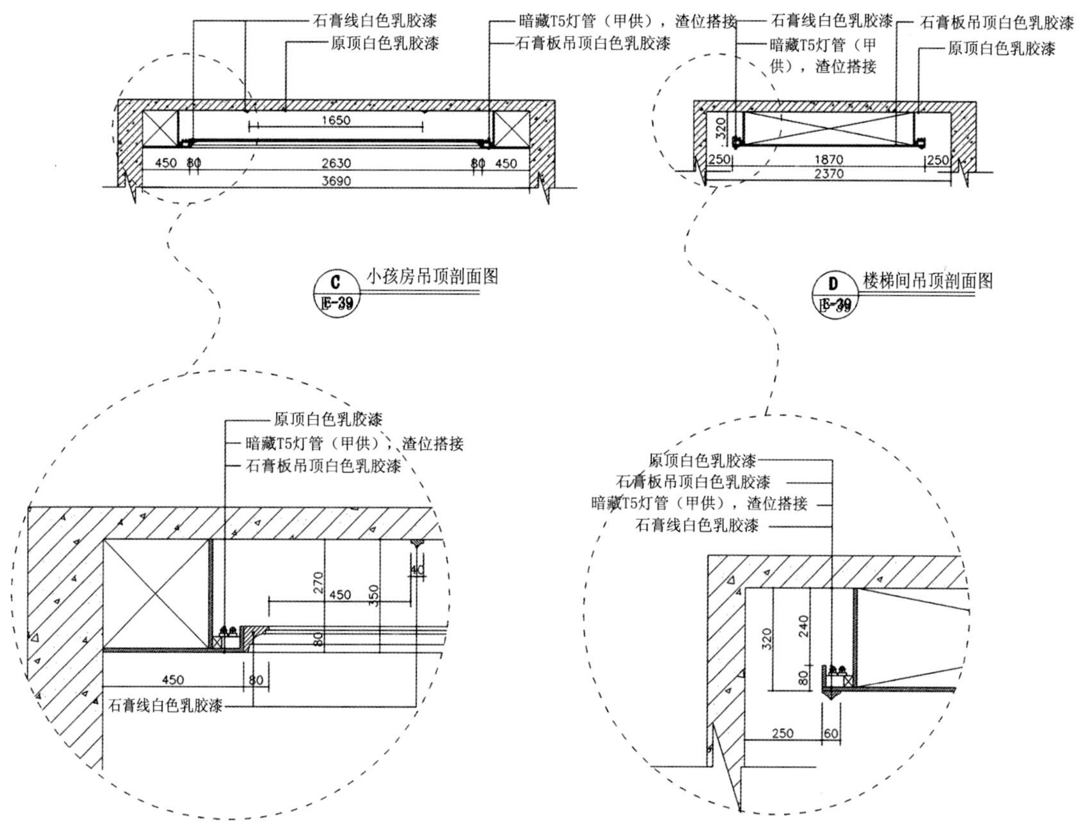


图7-93 小孩房、楼梯间吊顶剖面图

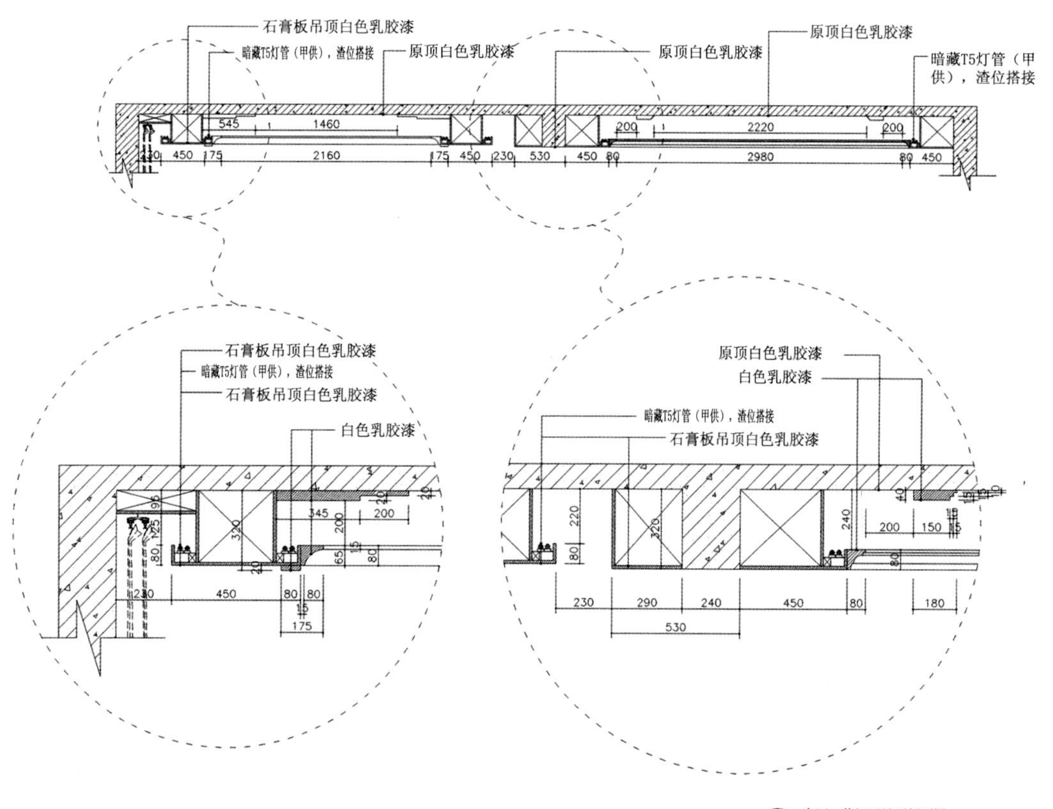


图7-94 客厅、休闲区吊顶剖面图

客厅、休闲区吊顶剖面图

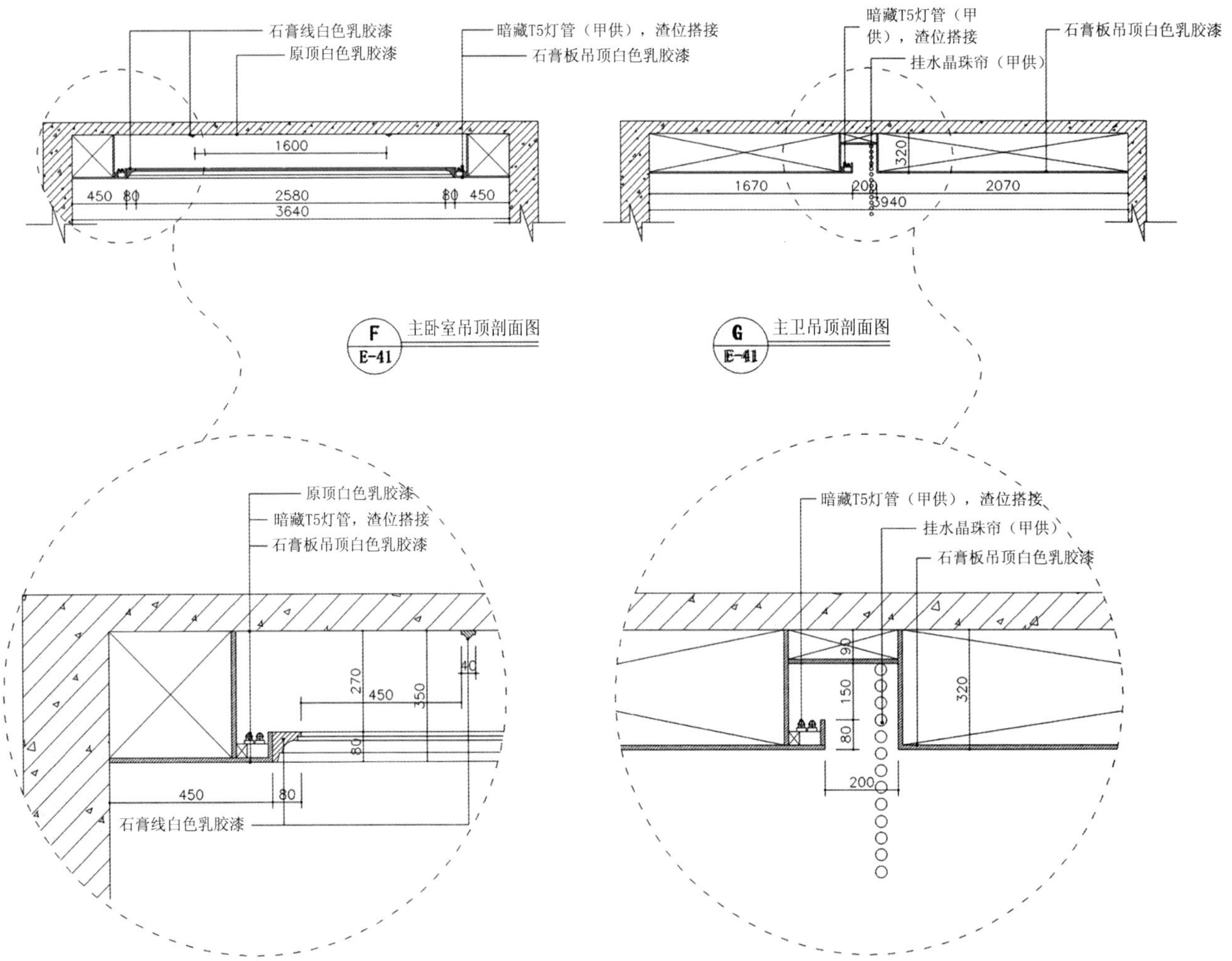

图7-95　主卧室、主卫吊顶剖面图

4.装修工程施工概预算

（1）装修工程概预算构成要素

装修工程费用由工程直接费、企业经营费及其他费用组成。

直接费：直接费包括人工费、材料费、施工机械使用费、现场管理费及其他费用。

企业经营费：是指企业经营管理层及建筑装饰管理部门，在经营中所发生的各项管理费用和财务费用。

其他费用：主要有利润和税金等。

（2）工程概预算核定步骤

首先，熟悉施工图纸，了解施工工艺、构造以及材料等。

其次，计算工程总量；计算企业经营费以及其他费用（利润、税金等）。

最后，列出工程概算清单（表7-8）。

表7-8　工程概算清单

| 序号 | 工程项目 | 单位 | 单价 | 数量 | 合计 | 材料结构及施工工艺标准 |
|---|---|---|---|---|---|---|
| 一、　入户（一层） | | | | | | |
| 1 | 半包门套 | m | 195.00 | 5.22 | 1017.90 | 1.木工板衬底，饰面板饰面，实木线收口。<br>2.墙体厚度＞300mm的，价格另计。<br>3.单面包套，按此价的85%计。<br>4.按洞口尺寸计算长度。<br>5.造（异）型门套价格视具体情况确定。<br>6.油漆费用另计。 |
| 2 | 门套油漆 | $m^2$ | 110.00 | 1.10 | 120.58 | 原子灰打底，四底二面，按展开面积算。（立邦木器漆） |
| 3 | 地面砖拼花铺贴 | $m^2$ | 80.00 | 11.60 | 928.00 | 1.地面砖由客户提供 。<br>2.拼花面积为图案垂直的最长的两条线之乘积。<br>3.强度32.5普通硅酸盐水泥、中砂水泥砂铺贴，白水泥勾缝；用与砖同颜色的专用勾缝剂勾缝，另加10元/$m^2$。<br>4.地砖缝镶铜条另加25元/$m^2$（客户提供铜条）。<br>5.不含踢脚板安装。 |
| 4 | 超大规格墙砖铺贴（墙砖长边600~900mm） | $m^2$ | 88.00 | 16.00 | 1407.60 | 1.清工辅料，墙砖由客户提供。<br>2.强度32.5普通硅酸盐水泥浆铺设，若改用瓷砖黏结剂，另加15元/$m^2$。<br>3.白水泥勾缝，其缝≤3mm或按设计要求施工。若改用专用勾缝剂，另加10元/$m^2$。<br>4.阳角处45° 磨边碰口，价格另计。<br>5.原墙皮铲除（拆除）费用另计。 |
| 5 | 石膏板<br>造型吊顶 | $m^2$ | 295.00 | 11.60 | 3422.00 | 1.轻钢龙骨防火涂料两遍，间距≤300mm槽接固定。大于1$m^2$吊顶加膨胀螺栓固定。木龙骨须刷环保型防火涂料。<br>2.平面用石膏板罩面，自攻螺丝钉固定。<br>3.立面可使用优质五厘板或双层优质三厘板。<br>4.按展开面积计算，基层处理另计。<br>5.此为基础价格，对造型较复杂的吊顶，视具体情况确定。<br>6.跌级造型按跌级层数分别计算，每跌一级增加50元/$m^2$。<br>7.顶高于4m每平方加收40元高空作业费。 |
| 6 | PU线 | m | 125.00 | 14.40 | 1800.00 | 详见施工图纸。 |
| 7 | 顶面德国都芳漆 | $m^2$ | 45.00 | 11.60 | 522.00 | 1.面漆两遍，基层处理另计。<br>2.此价格限一套居室刷单色。刷不同颜色的，则每增加一色另加100元/色，且需为同一种漆。<br>3.重色系漆另加5元/$m^2$。 |
| 8 | 橱窗造型 | m | 855.00 | 1.34 | 1145.70 | 详见施工图纸 |
| 9 | 鞋柜平板式柜门（加拿大雪松指接板） | $m^2$ | 1250.00 | 10.09 | 12610.00 | 1.柜体优质指接板衬底,背板用橡木贴面九厘板,抽屉用香杉木指接板。<br>2.柜门用优质指接板。<br>3.每延米含两个抽屉，多做抽屉另计80元/个。<br>4.厚度≤600mm 。<br>5.油漆费用另计。 |
| 10 | 柜内清漆 | $m^2$ | 55.00 | 60.53 | 3329.04 | 打磨二遍，涂刷二底一面，按展开面积算。（立邦木器漆） |
| 11 | 混油漆 | $m^2$ | 110.00 | 20.18 | 2219.36 | 原子灰打底，四底二面，按展开面积算。（立邦木器漆） |
| 12 | 入户衣柜（造型柜门）（加拿大雪松指接板） | $m^2$ | 1450.00 | 4.03 | 5843.50 | 1.柜体优质指接板衬底，背板用橡木贴面九厘板，抽屉用香杉木指接板。<br>2.柜门用优质指接板。<br>3.每延米含两个抽屉，多做抽屉另计80元/个。<br>4.厚度≤600mm。<br>5.油漆费用另计。 |
| 13 | 柜内清漆 | $m^2$ | 55.00 | 24.18 | 1329.90 | 打磨二遍，涂刷二底一面，按展开面积算。（立邦木器漆） |
| 14 | 混油漆 | $m^2$ | 110.00 | 8.06 | 886.60 | 原子灰打底，四底二面，按展开面积算。（立邦木器漆） |
| 合计 | | | | | 36582.18 | |

续表

| 二、 餐厅（一层） | | | | | | |
|---|---|---|---|---|---|---|
| 1 | 吧台基层造型 | m | 950.00 | 1.62 | 1539.00 | 详见施工图纸。 |
| 2 | 地面砖拼花铺贴 | $m^2$ | 80.00 | 26.40 | 2112.00 | 1.地面砖由客户提供。<br>2.拼花面积为图案垂直的最长的两条线之乘积。<br>3.强度32.5普通硅酸盐水泥、中砂水泥砂铺贴，白水泥勾缝；用与砖同颜色的专用勾缝剂勾缝，另加10元/$m^2$。<br>4.地砖缝镶铜条另加25元/$m^2$（客户提供铜条）。<br>5.不含踢脚板安装。 |
| 3 | 超大规格墙砖铺贴（墙砖长边600～900mm） | $m^2$ | 88.00 | 27.00 | 2376.00 | 1.清工辅料，墙砖由客户提供。<br>2.强度32.5普通硅酸盐水泥浆铺设，若改用瓷砖黏结剂，另加15元/$m^2$。<br>3.白水泥勾缝，其缝≤3mm或按设计要求施工。若改用专用勾缝剂，另加10元/$m^2$。<br>4.阳角处45°磨边碰口，价格另计。<br>5.原墙皮铲除（拆除）费用另计。 |
| 4 | 酒柜（加拿大雪松指接板） | $m^2$ | 1200.00 | 7.50 | 8994.96 | 1.柜体优质指接板衬底，背板用橡木贴面九厘板，抽屉用香杉木指接板。<br>2.柜门用优质指接板。<br>3.每延米含两个抽屉，多做抽屉另计80元/个。<br>4.厚度≤600mm 。<br>5.油漆费用另计。 |
| 5 | 客卫门口花格造型 | $m^2$ | 1280.00 | 1.82 | 2329.60 | 详见施工图纸。 |
| 6 | 石膏板立面弧线或造型顶 | $m^2$ | 295.00 | 24.40 | 7198.00 | 1.轻钢龙骨防火涂料两遍，间距≤300mm槽接固定。大于1$m^2$吊顶加膨胀螺栓固定。木龙骨须刷环保型防火涂料。<br>2.平面用石膏板罩面，自攻螺丝钉固定。<br>3.立面可使用优质五厘板或双层优质三厘板。<br>4.按展开面积计算，基层处理另计。<br>5.此为基础价格，对造型较复杂的吊顶，视具体情况确定。<br>6.跌级造型按跌级层数分别计算，每跌一级增加50元/$m^2$。<br>7.顶高于4m每平方加收40元高空作业费。 |
| 7 | PU线 | m | 125.00 | 21.00 | 2625.00 | 详见施工图纸。 |
| 8 | 顶面德国都芳漆 | $m^2$ | 45.00 | 24.40 | 1098.00 | 1.面漆两遍，基层处理另计。<br>2.此价格限一套居室刷单色。刷不同颜色的，则每增加一色另加100元/色，且需为同一种漆。<br>3.重色系漆另加5元/$m^2$。 |
| 合计 | | | | | 28272.56 | |

**续表**

<table>
<tr><td colspan="7">三、 客厅（一层）</td></tr>
<tr><td>1</td><td>地面砖菱形拼花铺贴（800mm×800 mm地砖）</td><td>$m^2$</td><td>80.00</td><td>22.40</td><td>1792.00</td><td>1.地面砖由客户提供 。<br>2.拼花面积为图案垂直的最长的两条线之乘积。<br>3.强度32.5普通硅酸盐水泥、中砂水泥砂铺贴，白水泥勾缝；用与砖同颜色的专用勾缝剂勾缝，另加10元/$m^2$。<br>4.地砖缝镶铜条另加25元/$m^2$（客户提供铜条）。<br>5.不含踢脚板安装。</td></tr>
<tr><td>2</td><td>客厅电视背景造型墙造型基础</td><td>项</td><td>2500.00</td><td>1.00</td><td>2500.00</td><td>详见施工图纸</td></tr>
<tr><td>3</td><td>客厅电视背景造型墙墙面铺砖</td><td>$m^2$</td><td>135.00</td><td>21.30</td><td>2875.50</td><td>1.清工辅料，墙砖由客户提供。<br>2.强度32.5普通硅酸盐水泥浆铺设，若改用瓷砖黏结剂，另加15元/$m^2$。<br>3.白水泥勾缝，其缝≤3mm或按设计要求施工。若改用专用勾缝剂，另加10元/$m^2$。<br>4.阳角处45°磨边碰口，价格另计。<br>5.原墙皮铲除（拆除）费用另计。</td></tr>
<tr><td>4</td><td>客厅沙发背景墙基础</td><td>项</td><td>3600.00</td><td>1.00</td><td>3600.00</td><td>详见施工图纸</td></tr>
<tr><td>5</td><td>客厅沙发背景墙大规格贴砖</td><td>$m^2$</td><td>135.00</td><td>24.50</td><td>3307.50</td><td>1.清工辅料，墙砖由客户提供。<br>2.强度32.5普通硅酸盐水泥浆铺设，若改用瓷砖黏结剂，另加15元/$m^2$。<br>3.白水泥勾缝，其缝≤3mm或按设计要求施工。若改用专用勾缝剂，另加10元/$m^2$。<br>4.阳角处45°磨边碰口，价格另计。<br>5.原墙皮铲除（拆除）费用另计。</td></tr>
<tr><td>6</td><td>客厅沙发背景墙不锈钢条收边</td><td>m</td><td>195.00</td><td>23.70</td><td>4621.50</td><td>详见施工图纸</td></tr>
<tr><td>7</td><td>墙面砖</td><td>$m^2$</td><td>135.00</td><td>16.70</td><td>2254.50</td><td>1.清工辅料，墙砖由客户提供。<br>2.强度32.5普通硅酸盐水泥浆铺设，若改用瓷砖黏结剂，另加15元/$m^2$。<br>3.白水泥勾缝，其缝≤3mm或按设计要求施工。若改用专用勾缝剂，另加10元/$m^2$。<br>4.阳角处45°磨边碰口，价格另计。<br>5.原墙皮铲除（拆除）费用另计。</td></tr>
<tr><td>8</td><td>石膏板造型顶（多层）</td><td>$m^2$</td><td>295.00</td><td>22.40</td><td>6608.00</td><td>1.轻钢龙骨防火涂料两遍，间距≤300mm槽接固定。大于1$m^2$吊顶加膨胀螺栓固定。木龙骨须刷环保型防火涂料。<br>2.平面用石膏板罩面，自攻螺丝钉固定。<br>3.立面可使用优质五厘板或双层优质三厘板。<br>4.按展开面积计算，基层处理另计。<br>5.此为基础价格，对造型较复杂的吊顶，视具体情况确定。<br>6.跌级造型按跌级层数分别计算，每跌一级增加50元/$m^2$。<br>7.顶高于4m每平方加收40元高空作业费。</td></tr>
<tr><td>9</td><td>PU线</td><td>m</td><td>125.00</td><td>27.10</td><td>3387.50</td><td>详见施工图纸。</td></tr>
<tr><td>10</td><td>造型柱子大理石铺贴</td><td>m</td><td>120.00</td><td>13.57</td><td>1628.64</td><td>详见施工图纸。</td></tr>
<tr><td>11</td><td>客厅窗套</td><td>m</td><td>195.00</td><td>18.50</td><td>3607.50</td><td>1.木工板衬底，饰面板饰面，实木线收口。<br>2.墙体厚度>300mm的，价格另计。<br>3.单面包套，按此价的85%计。<br>4.按洞口尺寸计算长度。<br>5.造（异）型门套价格视具体情况确定。<br>6.油漆费用另计。</td></tr>
<tr><td>12</td><td>客厅窗套油漆</td><td>$m^2$</td><td>110.00</td><td>3.89</td><td>427.35</td><td>原子灰打底，四底二面，按展开面积算。（立邦木器漆）</td></tr>
<tr><td>13</td><td>横梁造型</td><td>项</td><td>2800.00</td><td>2.37</td><td>6636.00</td><td>详见施工图纸。</td></tr>
<tr><td>14</td><td>顶面德国都芳漆</td><td>$m^2$</td><td>45.00</td><td>22.40</td><td>1008.00</td><td>1.面漆两遍，基层处理另计。<br>2.此价格限一套居室刷单色。刷不同颜色的，则每增加一色另加100元/色，且需为同一种漆。<br>3.重色系漆另加5元/$m^2$。</td></tr>
<tr><td colspan="5">合计</td><td>44253.99</td><td></td></tr>
</table>

续表

| 四、 主卧（一层） | | | | | | |
|---|---|---|---|---|---|---|
| 1 | 顶面德国都芳漆 | $m^2$ | 45.00 | 17.00 | 765.00 | 1.面漆两遍，基层处理另计。<br>2.此价格限一套居室刷单色。刷不同颜色的，则每增加一色另加100元/色，且需为同一种漆。<br>3.重色系漆另加5元/$m^2$。 |
| 2 | 墙面德国都芳漆 | $m^2$ | 45.00 | 45.90 | 2065.28 | 1.面漆两遍，基层处理另计。<br>2.此价格限一套居室刷单色。刷不同颜色的，则每增加一色另加100元/色，且需为同一种漆。<br>3.重色系漆另加5元/$m^2$。 |
| 3 | 床头背景造型墙九厘板打底 | 项 | 160.00 | 8.50 | 1360.00 | 详见施工图纸。 |
| 4 | 造型线条 | m | 180.00 | 14.70 | 2646.00 | 造型艺术木线条。 |
| 5 | 石膏板立面弧线或造型顶 | $m^2$ | 295.00 | 17.00 | 5015.00 | 1.轻钢龙骨防火涂料两遍，间距≤300mm槽接固定。大于1$m^2$吊顶加膨胀螺栓固定。木龙骨须刷环保型防火涂料。<br>2.平面用石膏板罩面，自攻螺丝钉固定。<br>3.立面可使用优质五厘板或双层优质三厘板。<br>4.按展开面积计算，基层处理另计。<br>5.此为基础价格，对造型较复杂的吊顶，视具体情况确定。<br>6.跌级造型按跌级层数分别计算，每跌一级增加50元/$m^2$。<br>7.顶高于4m每平方加收40元高空作业费。 |
| 6 | PU线 | m | 125.00 | 25.70 | 3212.50 | 详见施工图纸。 |
| 合计 | | | | | 15063.78 | |
| 五 、 衣帽间（一层） | | | | | | |
| 1 | 顶面<br>德国都芳漆 | $m^2$ | 45.00 | 6.30 | 283.50 | 1.面漆两遍，基层处理另计。<br>2.此价格限一套居室刷单色。刷不同颜色的，则每增加一色另加100元/色，且需为同一种漆。<br>3.重色系漆另加5元/$m^2$。 |
| 2 | 墙面<br>德国都芳漆 | $m^2$ | 45.00 | 20.38 | 917.10 | 1.面漆两遍，基层处理另计。<br>2.此价格限一套居室刷单色。刷不同颜色的，则每增加一色另加100元/色，且需为同一种漆。<br>3.重色系漆另加5元/$m^2$。 |
| 3 | 平顶<br>（无造型） | $m^2$ | 175.00 | 6.30 | 1102.50 | 1.主、副龙骨为轻钢龙骨，专用配件，埃特板罩面。<br>2.自攻螺丝固定。<br>3.接缝处填嵌专用防开裂补缝，粘贴专用绷带。<br>4.按展开面积计算，基层处理另计。<br>5.顶高于4m每平方加收40元高空作业费。 |
| 4 | PU线 | m | 125.00 | 10.30 | 1287.50 | 详见施工图纸。 |
| 5 | 仅做柜体（不做柜门）（加拿大雪松指接板） | $m^2$ | 1150.00 | 10.25 | 11786.58 | 1.柜体优质指接板衬底，背板用橡木贴面九厘板，抽屉用香杉木指接板。<br>2.柜门用优质指接板。<br>3.每延米含两个抽屉，多做抽屉另计80元/个。<br>4.厚度≤600mm 。<br>5.油漆费用另计。 |
| 6 | 柜内清漆 | $m^2$ | 55.00 | 61.50 | 3382.24 | 打磨二遍，涂刷二底一面，按展开面积算。（立邦木器漆） |
| 7 | 混油漆 | $m^2$ | 110.00 | 20.50 | 2254.82 | 原子灰打底，四底二面，按展开面积算。（立邦木器漆） |
| 合计 | | | | | 21014.24 | |

续表

| 六、主卫（一层） | | | | | | |
|---|---|---|---|---|---|---|
| 1 | 地面铺贴（300mm×600mm地砖） | $m^2$ | 45.00 | 4.10 | 184.50 | 1.地面砖由客户提供。<br>2.拼花面积为图案垂直的最长的两条线之乘积。<br>3.强度32.5普通硅酸盐水泥、中砂水泥砂铺贴，白水泥勾缝；用与砖同颜色的专用勾缝剂勾缝，另加10元/$m^2$。 |
| 2 | 超大规格墙砖铺贴（墙砖长边600~900mm） | $m^2$ | 88.00 | 20.33 | 1788.78 | 1.清工辅料，墙砖由客户提供。<br>2.强度32.5普通硅酸盐水泥浆铺设，若改用瓷砖黏结剂，另加15元/$m^2$。<br>3.白水泥勾缝，其缝≤3mm或按设计要求施工。若改用专用勾缝剂，另加10元/$m^2$。<br>4.阳角处45°磨边碰口，价格另计。<br>5.原墙皮铲除（拆除）费用另计。 |
| 3 | 包管道（围砌水泥砖） | m | 160.00 | 2.45 | 392.00 | 1.水泥砖、32.5普通硅酸盐水泥砂浆砌筑。<br>2.单面水泥砂浆打底，抹平。<br>3.截面尺寸≤200mm×200mm。<br>4.截门处预留检修口。<br>5.外表面装饰另计。 |
| 4 | 墙砖磨边碰角（不锈钢收口） | m | 48.00 | 5.70 | 273.60 | 不锈钢收边条。 |
| 合计 | | | | | 2638.88 | |
| 七、客卧（一层） | | | | | | |
| 1 | 顶面德国都芳漆 | $m^2$ | 45.00 | 13.10 | 589.50 | 1.面漆两遍，基层处理另计。<br>2.此价格限一套居室刷单色。刷不同颜色的，则每增加一色另加100元/色，且需为同一种漆。<br>3.重色系漆另加5元/$m^2$。 |
| 2 | 墙面德国都芳漆 | $m^2$ | 45.00 | 39.07 | 1758.24 | 1.面漆两遍，基层处理另计。<br>2.此价格限一套居室刷单色。刷不同颜色的，则每增加一色另加100元/色，且需为同一种漆。<br>3.重色系漆另加5元/$m^2$。 |
| 3 | 床头背景造型墙九厘板打底 | 项 | 160.00 | 7.25 | 1160.00 | 详见施工图纸。 |
| 4 | 造型线条 | m | 180.00 | 13.70 | 2466.00 | 造型艺术木线条。 |
| 5 | 仅做柜体（不做柜门）（加拿大雪松指接板） | $m^2$ | 1150.00 | 5.77 | 6637.80 | 1.柜体优质指接板衬底，背板用橡木贴面九厘板，抽屉用香杉木指接板。<br>2.柜门用优质指接板。<br>3.每延米含两个抽屉，多做抽屉另计80元/个。<br>4.厚度≤600mm 。<br>5.油漆费用另计。 |
| 6 | 柜内清漆 | $m^2$ | 55.00 | 34.63 | 1904.76 | 打磨二遍，涂刷二底一面，按展开面积算。（立邦木器漆） |
| 7 | 混油漆 | $m^2$ | 110.00 | 11.54 | 1269.84 | 原子灰打底，四底二面，按展开面积算。（立邦木器漆） |
| 8 | 石膏板造型顶 | $m^2$ | 295.00 | 13.10 | 3864.50 | 1.轻钢龙骨防火涂料两遍，间距≤300mm槽接固定。大于1$m^2$吊顶加膨胀螺栓固定。木龙骨须刷环保型防火涂料。<br>2.平面用石膏板罩面，自攻螺丝钉固定。<br>3.立面可使用优质五厘板或双层优质三厘板。<br>4.按展开面积计算，基层处理另计。<br>5.此为基础价格，对造型较复杂的吊顶，视具体情况确定。<br>6.跌级造型按跌级层数分别计算，每跌一级增加50元/$m^2$。<br>7.顶高于4m每平方加收40元高空作业费。 |
| 9 | PU线 | m | 125.00 | 15.00 | 1875.00 | 详见施工图纸。 |
| 合计 | | | | | 21525.64 | |

续表

| 八、客卫（一层） | | | | | | |
|---|---|---|---|---|---|---|
| 1 | 地面铺贴（300mm×600mm地砖）300mm×600mm地砖) | $m^2$ | 45.00 | 3.10 | 139.50 | 1.地面砖由客户提供。<br>2.拼花面积为图案垂直的最长的两条线之乘积。<br>3.强度32.5普通硅酸盐水泥、中砂水泥砂铺贴，白水泥勾缝；用与砖同颜色的专用勾缝剂勾缝，另加10元/$m^2$。 |
| 2 | 超大规格墙砖铺贴（墙砖长边600~900mm） | $m^2$ | 88.00 | 16.24 | 1429.12 | 1.清工辅料，墙砖由客户提供。<br>2.强度32.5普通硅酸盐水泥浆铺设，若改用瓷砖黏结剂，另加15元/$m^2$。<br>3.白水泥勾缝，其缝≤3mm或按设计要求施工。若改用专用勾缝剂，另加10元/$m^2$。<br>4.阳角处45°磨边碰口，价格另计。<br>5.原墙皮铲除（拆除）费用另计。 |
| 3 | 包管道（围砌水泥砖） | m | 160.00 | 2.45 | 392.00 | 1.水泥砖、32.5普通硅酸盐水泥砂浆砌筑。<br>2.单面水泥砂浆打底，抹平。<br>3.截面尺寸≤200mm×200mm。<br>4.截门处预留检修口。<br>5.外表面装饰另计。 |
| 4 | 墙砖磨边碰角 | m | 48.00 | 4.90 | 235.20 | 不锈钢收边条。 |
| 合计 | | | | | 2195.82 | |
| 九、厨房（一层） | | | | | | |
| 1 | 地面铺贴（300mm×600mm 地砖） | $m^2$ | 45.00 | 13.00 | 585.00 | 1.地面砖由客户提供。<br>2.拼花面积为图案垂直的最长的两条线之乘积。<br>3.强度32.5普通硅酸盐水泥、中砂水泥砂铺贴，白水泥勾缝；用与砖同颜色的专用勾缝剂勾缝，另加10元/$m^2$。 |
| 2 | 超大规格墙砖铺贴（墙砖长边600~900mm） | $m^2$ | 88.00 | 39.94 | 3514.90 | 1.清工辅料，墙砖由客户提供。<br>2.强度32.5普通硅酸盐水泥浆铺设，若改用瓷砖黏结剂，另加15元/$m^2$。<br>3.白水泥勾缝，其缝≤3mm或按设计要求施工。若改用专用勾缝剂，另加10元/$m^2$。<br>4.阳角处45°磨边碰口，价格另计。<br>5.原墙皮铲除（拆除）费用另计。 |
| 3 | 包管道（围砌水泥砖） | m | 160.00 | 2.80 | 448.00 | 1.水泥砖、32.5普通硅酸盐水泥砂浆砌筑。<br>2.单面水泥砂浆打底，抹平。<br>3.截面尺寸≤200mm×200mm。<br>4.截门处预留检修口。<br>5.外表面装饰另计。 |
| 4 | 墙砖磨边碰角 | m | 48.00 | 14.00 | 672.00 | 不锈钢收边条。 |
| 合计 | | | | | 5219.90 | |

**续表**

| 十、 生活阳台（一层） | | | | | | |
|---|---|---|---|---|---|---|
| 1 | 地面铺贴（300mm×600mm 地砖） | $m^2$ | 45.00 | 5.30 | 238.50 | 1.地面砖由客户提供，规格>200mm×200mm、≤600mm×600mm。<br>2.强度32.5普通硅酸盐水泥、中砂水泥砂铺贴，白水泥勾缝；用与砖同颜色的专用勾缝剂勾缝，另加10元/$m^2$。<br>3.不含踢脚板安装 |
| 2 | 超大规格墙砖铺贴（墙砖长边600～900mm） | $m^2$ | 88.00 | 17.74 | 1561.30 | 1.清工辅料，墙砖由客户提供。<br>2.强度32.5普通硅酸盐水泥浆铺设，若改用瓷砖黏结剂，另加15元/$m^2$。<br>3.白水泥勾缝，其缝≤3mm或按设计要求施工。若改用专用勾缝剂，另加10元/$m^2$。<br>4.阳角处45°磨边碰口，价格另计。<br>5.原墙皮铲除（拆除）费用另计。 |
| 3 | 包管道（围砌水泥砖） | m | 160.00 | 5.60 | 896.00 | 1.水泥砖、32.5普通硅酸盐水泥砂浆砌筑。<br>2.单面水泥砂浆打底，抹平。<br>3.截面尺寸≤200mm×200mm。<br>4.截门处预留检修口。<br>5.外表面装饰另计。 |
| 4 | 石材踢脚板镶贴（石材陶瓷踢脚板） | m | 35.00 | 8.34 | 291.90 | 1.清工辅料，踢脚板主材由客户提供。<br>2.墙面清理，用强度32.5普通硅酸盐水泥中砂水泥浆镶贴，白水泥勾缝。如用专用黏结剂和专用勾缝剂，另加10元/$m^2$。<br>3.如非砖墙另加人工费8元/米。 |
| 合计 | | | | | 2987.70 | |
| 十一、大阳台（一层） | | | | | | |
| 1 | 地面铺贴（300mm×600mm 地砖） | $m^2$ | 45.00 | 8.20 | 369.00 | 1.地面砖由客户提供。<br>2.拼花面积为图案垂直的最长的两条线之乘积。<br>3.强度32.5普通硅酸盐水泥、中砂水泥砂铺贴，白水泥勾缝；用与砖同颜色的专用勾缝剂勾缝，另加10元/$m^2$。 |
| 2 | 顶面德国都芳漆 | $m^2$ | 45.00 | 8.20 | 369.00 | 1.面漆两遍，基层处理另计。<br>2.此价格限一套居室刷单色。刷不同颜色的，则每增加一色另加100元/色，且需为同一种漆。<br>3.重色系漆另加5元/$m^2$。 |
| 3 | 石材踢脚板镶贴（石材陶瓷踢脚板） | m | 35.00 | 13.82 | 483.70 | 1.清工辅料，踢脚板主材由客户提供。<br>2.墙面清理，用强度32.5普通硅酸盐水泥中砂水泥浆镶贴，白水泥勾缝。如用专用黏结剂和专用勾缝剂，另加10元/$m^2$。<br>3.如非砖墙另加人工费8元/米。 |
| 合计 | | | | | 1221.70 | |

续表

<table>
<tr><td colspan="7">十二 、 楼梯间（一层）</td></tr>
<tr><td>1</td><td>地面砖铺贴</td><td>m²</td><td>65.00</td><td>7.90</td><td>513.50</td><td>1.地面砖由客户提供。<br>2.拼花面积为图案垂直的最长的两条线之乘积。<br>3.强度32.5普通硅酸盐水泥、中砂水泥砂铺贴，白水泥勾缝；用与砖同颜色的专用勾缝剂勾缝，另加10元/m²。<br>4.地砖缝镶铜条另加25元/m²（客户提供铜条）。<br>5.不含踢脚板安装。</td></tr>
<tr><td>2</td><td>超大规格墙砖铺贴（墙砖长边600～900mm）</td><td>m²</td><td>88.00</td><td>52.32</td><td>4603.81</td><td>1.清工辅料，墙砖由客户提供。<br>2.强度32.5普通硅酸盐水泥浆铺设，若改用瓷砖黏结剂，另加15元/m²。<br>3. 白水泥勾缝，其缝≤3mm或按设计要求施工。若改用专用勾缝剂，另加10元/m²。<br>4.阳角处45° 磨边碰口，价格另计。<br>5.原墙皮铲除（拆除）费用另计。</td></tr>
<tr><td>3</td><td>石膏板造型顶</td><td>m²</td><td>295.00</td><td>7.90</td><td>2330.50</td><td>1.轻钢龙骨防火涂料两遍，间距≤300mm槽接固定。大于1m²吊顶加膨胀螺栓固定。木龙骨须刷环保型防火涂料。<br>2.平面用石膏板罩面，自攻螺丝钉固定。<br>3.立面可使用优质五厘板或双层优质三厘板。<br>4.按展开面积计算，基层处理另计。<br>5.此为基础价格，对造型较复杂的吊顶，视具体情况确定。<br>6.跌级造型按跌级层数分别计算，每跌一级增加50元/m²。<br>7.顶高于4m每平方加收40元高空作业费。</td></tr>
<tr><td>4</td><td>PU线</td><td>m</td><td>125.00</td><td>11.40</td><td>1425.00</td><td>详见施工图纸。</td></tr>
<tr><td>5</td><td>顶面德国都芳漆</td><td>m²</td><td>45.00</td><td>7.90</td><td>355.50</td><td>1.面漆两遍，基层处理另计。<br>2.此价格限一套居室刷单色。刷不同颜色的，则每增加一色另加100元/色，且需为同一种漆。<br>3.重色系漆另加5元/m²。</td></tr>
<tr><td></td><td colspan="4">合计</td><td>9228.31</td><td></td></tr>
<tr><td colspan="7">十三 、 休息厅（二层）</td></tr>
<tr><td>1</td><td>地面砖菱形拼花铺贴（800mm×800mm地砖）</td><td>m²</td><td>80.00</td><td>20.80</td><td>1664.00</td><td>1.地面砖由客户提供。<br>2.拼花面积为图案垂直的最长的两条线之乘积。<br>3.强度32.5普通硅酸盐水泥、中砂水泥砂铺贴，白水泥勾缝；用与砖同颜色的专用勾缝剂勾缝，另加10元/m²。<br>4.地砖缝镶铜条另加25元/m²（客户提供铜条）。<br>5.不含踢脚板安装。</td></tr>
<tr><td>2</td><td>超大规格墙砖铺贴（墙砖长边600～900mm）</td><td>m²</td><td>88.00</td><td>33.43</td><td>2941.62</td><td>1.清工辅料，墙砖由客户提供。<br>2.强度32.5普通硅酸盐水泥浆铺设，若改用瓷砖黏结剂，另加15元/m²。<br>3.白水泥勾缝，其缝≤3mm或按设计要求施工。若改用专用勾缝剂，另加10元/m²。<br>4.阳角处45° 磨边碰口，价格另计。<br>5.原墙皮铲除（拆除）费用另计。</td></tr>
<tr><td>3</td><td>石膏板立面弧线或造型顶</td><td>m²</td><td>295.00</td><td>20.80</td><td>6136.00</td><td>1.轻钢龙骨防火涂料两遍，间距≤300mm槽接固定。大于1m²吊顶加膨胀螺栓固定。木龙骨须刷环保型防火涂料。<br>2.平面用石膏板罩面，自攻螺丝钉固定。<br>3.立面可使用优质五厘板或双层优质三厘板。<br>4.按展开面积计算，基层处理另计。<br>5.此为基础价格，对造型较复杂的吊顶，视具体情况确定。<br>6.跌级造型按跌级层数分别计算，每跌一级增加50元/m²。<br>7.顶高于4m每平方加收40元高空作业费。</td></tr>
<tr><td>4</td><td>PU线</td><td>m</td><td>125.00</td><td>18.30</td><td>2287.50</td><td>详见施工图纸。</td></tr>
<tr><td>5</td><td>顶面德国都芳漆</td><td>m²</td><td>45.00</td><td>20.80</td><td>936.00</td><td>1.面漆两遍，基层处理另计。<br>2.此价格限一套居室刷单色。刷不同颜色的，则每增加一色另加100元/色，且需为同一种漆。<br>3.重色系漆另加5元/m²。</td></tr>
<tr><td colspan="5">合计</td><td>13965.12</td><td></td></tr>
</table>

续表

| 十四 、 洗衣房（二层） | | | | | | |
|---|---|---|---|---|---|---|
| 1 | 地面砖铺贴 | $m^2$ | 65.00 | 11.60 | 754.00 | 1.地面砖由客户提供。<br>2.拼花面积为图案垂直的最长的两条线之乘积。<br>3.强度32.5普通硅酸盐水泥、中砂水泥砂铺贴，白水泥勾缝；用与砖同颜色的专用勾缝剂勾缝，另加10元/$m^2$。<br>4.地砖缝镶铜条另加25元/$m^2$（客户提供铜条）。<br>5.不含踢脚板安装。 |
| 2 | 超大规格墙砖铺贴（墙砖长边600～900mm） | $m^2$ | 88.00 | 37.73 | 3320.24 | 1.清工辅料，墙砖由客户提供。<br>2.强度32.5普通硅酸盐水泥浆铺设，若改用瓷砖黏结剂，另加15元/$m^2$。<br>3.白水泥勾缝，其缝≤3mm或按设计要求施工。若改用专用勾缝剂，另加10元/$m^2$。<br>4.阳角处45° 磨边碰口，价格另计。<br>5.原墙皮铲除（拆除）费用另计。 |
| 3 | 顶面德国都芳漆 | $m^2$ | 45.00 | 11.60 | 522.00 | 1.面漆两遍，基层处理另计。<br>2.此价格限一套居室刷单色。刷不同颜色的，则每增加一色另加100元/色，且需为同一种漆。<br>3.重色系漆另加5元/$m^2$。 |
| 合计 | | | | | 4596.24 | |
| 十五 、 主卧（二层） | | | | | | |
| 1 | 顶面德国都芳漆 | $m^2$ | 45.00 | 17.00 | 765.00 | 1.面漆两遍，基层处理另计。<br>2.此价格限一套居室刷单色。刷不同颜色的，则每增加一色另加100元/色，且需为同一种漆。<br>3.重色系漆另加5元/$m^2$。 |
| 2 | 墙面德国都芳漆 | $m^2$ | 45.00 | 49.96 | 2248.38 | 1.面漆两遍，基层处理另计。<br>2.此价格限一套居室刷单色。刷不同颜色的，则每增加一色另加100元/色，且需为同一种漆。<br>3.重色系漆另加5元/$m^2$。 |
| 3 | 床头背景造型墙九厘板打底 | 项 | 160.00 | 8.50 | 1360.00 | 详见施工图纸。 |
| 4 | 造型线条 | m | 180.00 | 14.70 | 2646.00 | 造型艺术木线条。 |
| 5 | 石膏板立面弧线或造型顶 | $m^2$ | 295.00 | 25.60 | 7552.00 | 1.轻钢龙骨防火涂料两遍，间距≤300mm槽接固定。大于1$m^2$吊顶加膨胀螺栓固定。木龙骨须刷环保型防火涂料。<br>2.平面用石膏板罩面，自攻螺丝钉固定。<br>3.立面可使用优质五厘板或双层优质三厘板。<br>4.按展开面积计算，基层处理另计。<br>5.此为基础价格，对造型较复杂的吊顶，视具体情况确定。<br>6.跌级造型按跌级层数分别计算，每跌一级增加50元/$m^2$。<br>7.顶高于4m每平方加收40元高空作业费。 |
| 6 | PU线 | m | 125.00 | 27.30 | 3412.50 | 详见施工图纸。 |
| 合计 | | | | | 17983.88 | |

续表

| 十六、主卫（二层） | | | | | | |
|---|---|---|---|---|---|---|
| 1 | 地面铺贴（300mm × 600mm 地砖） | $m^2$ | 45.00 | 4.50 | 202.50 | 1.地面砖由客户提供。<br>2.拼花面积为图案垂直的最长的两条线之乘积。<br>3.强度32.5普通硅酸盐水泥、中砂水泥砂铺贴，白水泥勾缝；用与砖同颜色的专用勾缝剂勾缝，另加10元/$m^2$。 |
| 2 | 超大规格墙砖铺贴（墙砖长边600～900mm） | $m^2$ | 88.00 | 19.60 | 1724.80 | 1.清工辅料，墙砖由客户提供。<br>2.强度32.5普通硅酸盐水泥浆铺设，若改用瓷砖黏结剂，另加15元/$m^2$。<br>3.白水泥勾缝，其缝≤3mm或按设计要求施工。若改用专用勾缝剂，另加10元/$m^2$。<br>4.阳角处45°磨边碰口，价格另计。<br>5.原墙皮铲除（拆除）费用另计。 |
| 3 | 包管道（围砌水泥砖） | m | 160.00 | 2.45 | 392.00 | 1.水泥砖、32.5普通硅酸盐水泥砂浆砌筑。<br>2.单面水泥砂浆打底，抹平。<br>3.截面尺寸≤200mm × 200mm。<br>4.截门处预留检修口。<br>5.外表面装饰另计。 |
| 4 | 墙砖磨边碰角 | m | 48.00 | 4.90 | 235.20 | 不锈钢收口线。 |
| 合计 | | | | | 2554.50 | |
| 十七、衣帽间（二层） | | | | | | |
| 1 | 顶面德国都芳漆 | $m^2$ | 45.00 | 11.00 | 495.00 | 1.面漆两遍，基层处理另计。<br>2.此价格限一套居室刷单色。刷不同颜色的，则每增加一色另加100元/色，且需为同一种漆。<br>3.重色系漆另加5元/$m^2$。 |
| 2 | 墙面德国都芳漆 | $m^2$ | 45.00 | 40.68 | 1830.60 | 1.面漆两遍，基层处理另计。<br>2.此价格限一套居室刷单色。刷不同颜色的，则每增加一色另加100元/色，且需为同一种漆。<br>3.重色系漆另加5元/$m^2$。 |
| 3 | 平顶（无造型） | $m^2$ | 175.00 | 11.00 | 1925.00 | 1.主、副龙骨为轻钢龙骨，专用配件，埃特板罩面。<br>2.自攻螺丝固定。<br>3.接缝处填嵌专用防开裂补缝，粘贴专用绷带。<br>4.按展开面积计算，基层处理另计。<br>5.顶高于4m每平方加收40元高空作业费。 |
| 4 | 仅做柜体（不做柜门）（加拿大雪松指接板） | $m^2$ | 1150.00 | 6.40 | 7360.00 | 1.柜体优质指接板衬底，背板用橡木贴面九厘板，抽屉用香杉木指接板。<br>2.柜门用优质指接板。<br>3.每延米含两个抽屉，多做抽屉另计80元/个。<br>4.厚度≤600mm 。<br>5.油漆费用另计。 |
| 5 | 柜内清漆 | $m^2$ | 55.00 | 38.40 | 2112.00 | 打磨二遍，涂刷二底一面，按展开面积算。（立邦木器漆） |
| 6 | 混油漆 | $m^2$ | 110.00 | 12.80 | 1408.00 | 原子灰打底，四底二面，按展开面积算。（立邦木器漆） |
| 合计 | | | | | 15130.60 | |

续表

| 十八、　次卧（二层） | | | | | | |
|---|---|---|---|---|---|---|
| 1 | 顶面德国都芳漆 | $m^2$ | 45.00 | 20.10 | 904.50 | 1.面漆两遍，基层处理另计。<br>2.此价格限一套居室刷单色。刷不同颜色的，则每增加一色另加100元/色，且需为同一种漆。<br>3.重色系漆另加5元/$m^2$。 |
| 2 | 墙面德国都芳漆 | $m^2$ | 45.00 | 43.22 | 1944.90 | 1.面漆两遍，基层处理另计。<br>2.此价格限一套居室刷单色。刷不同颜色的，则每增加一色另加100元/色，且需为同一种漆。<br>3.重色系漆另加5元/$m^2$。 |
| 3 | 床头背景造型墙九厘板打底 | 项 | 160.00 | 7.25 | 1160.00 | 详见施工图纸。 |
| 4 | 造型线条 | m | 180.00 | 13.70 | 2466.00 | 造型艺术木线条。 |
| 5 | 仅做柜体（不做柜门）（加拿大雪松指接板） | $m^2$ | 1150.00 | 5.17 | 5950.10 | 1.柜体优质指接板衬底，背板用橡木贴面九厘板，抽屉用香杉木指接板。<br>2.柜门用优质指接板。<br>3.每延米含两个抽屉，多做抽屉另计80元/个。<br>4.厚度≤600mm 。<br>5.油漆费用另计。 |
| 6 | 柜内清漆 | $m^2$ | 55.00 | 31.04 | 1707.42 | 打磨二遍，涂刷二底一面，按展开面积算。（立邦木器漆） |
| 7 | 混油漆 | $m^2$ | 110.00 | 3.60 | 396.00 | 原子灰打底，四底二面，按展开面积算。（立邦木器漆） |
| 8 | 石膏板立面弧线或造型顶 | $m^2$ | 295.00 | 20.10 | 5929.50 | 1.轻钢龙骨防火涂料两遍，间距≤300mm槽接固定。大于1$m^2$吊顶加膨胀螺栓固定。木龙骨须刷环保型防火涂料。<br>2.平面用石膏板罩面，自攻螺丝钉固定。<br>3.立面可使用优质五厘板或双层优质三厘板。<br>4.按展开面积计算，基层处理另计。<br>5.此为基础价格，对造型较复杂的吊顶，视具体情况确定。<br>6.跌级造型按跌级层数分别计算，每跌一级增加50元/$m^2$。<br>7.顶高于4m每平方加收40元高空作业费。 |
| 9 | PU线 | m | 125.00 | 18.40 | 2300.00 | |
| 合计 | | | | | 22758.42 | |

续表

| 十九 、 客卫（二层） | | | | | | |
|---|---|---|---|---|---|---|
| 1 | 地面铺贴（300mm×600mm 地砖） | m² | 45.00 | 5.00 | 225.00 | 1.地面砖由客户提供。<br>2.拼花面积为图案垂直的最长的两条线之乘积。<br>3.强度32.5普通硅酸盐水泥、中砂水泥砂铺贴，白水泥勾缝；用与砖同颜色的专用勾缝剂勾缝，另加10元/m²。 |
| 2 | 超大规格墙砖铺贴（墙砖长边600~900mm） | m² | 88.00 | 24.65 | 2169.55 | 1.清工辅料，墙砖由客户提供。<br>2.强度32.5普通硅酸盐水泥浆铺设，若改用瓷砖黏结剂，另加15元/m²。<br>3.白水泥勾缝，其缝≤3mm或按设计要求施工。若改用专用勾缝剂，另加10元/m²。<br>4.阳角处45° 磨边碰口，价格另计。<br>5.原墙皮铲除（拆除）费用另计。 |
| 3 | 仅做柜体（不做柜门）（加拿大雪松指接板） | m² | 1150.00 | 2.68 | 3076.25 | 1.柜体优质指接板衬底，背板用橡木贴面九厘板，抽屉用香杉木指接板。<br>2.柜门用优质指接板。<br>3.每延米含两个抽屉，多做抽屉另计80元/个。<br>4.厚度≤600mm 。<br>5.油漆费用另计。 |
| 4 | 柜内清漆 | m² | 55.00 | 16.05 | 882.75 | 打磨二遍，涂刷二底一面，按展开面积算。（立邦木器漆） |
| 5 | 混油漆 | m² | 110.00 | 5.35 | 588.50 | 原子灰打底，四底二面，按展开面积算。（立邦木器漆） |
| 6 | 平顶（无造型） | m² | 175.00 | 1.70 | 297.50 | 1.主、副龙骨为轻钢龙骨，专用配件，埃特板罩面。<br>2.自攻螺丝固定。<br>3.接缝处填嵌专用防开列补缝，粘贴专用绷带。<br>4.按展开面积计算，基层处理另计。<br>5.顶高于4m每平方加收40元高空作业费。 |
| 7 | 包管道（围砌水泥砖） | m | 160.00 | 2.45 | 392.00 | 1.水泥砖、32.5普通硅酸盐水泥砂浆砌筑。<br>2.单面水泥砂浆打底，抹平。<br>3.截面尺寸≤200×200mm。<br>4.截门处预留检修口。<br>5.外表面装饰另计。 |
| 8 | 墙砖磨边碰角 | m | 48.00 | 4.90 | 235.20 | 阳角处磨45° 碰口。 |
| 合计 | | | | | 7866.75 | |

续表

| 二十、 儿童房（二层） | | | | | | |
|---|---|---|---|---|---|---|
| 1 | 顶面德国都芳漆 | $m^2$ | 45.00 | 14.80 | 666.00 | 1.面漆两遍，基层处理另计。<br>2.此价格限一套居室刷单色。刷不同颜色的，则每增加一色另加100元/色，且需为同一种漆。<br>3.重色系漆另加5元/$m^2$。 |
| 2 | 墙面德国都芳漆 | $m^2$ | 45.00 | 51.40 | 2313.09 | 1.面漆两遍，基层处理另计。<br>2.此价格限一套居室刷单色。刷不同颜色的，则每增加一色另加100元/色，且需为同一种漆。<br>3.重色系漆另加5元/$m^2$。 |
| 3 | 仅做柜体（不做柜门）（加拿大雪松指接板） | $m^2$ | 1150.00 | 5.46 | 6279.00 | 1.柜体优质指接板衬底，背板用橡木贴面九厘板，抽屉用香杉木指接板。<br>2.柜门用优质指接板。<br>3.每延米含两个抽屉，多做抽屉另计80元/个。<br>4.厚度≤600mm 。<br>5.油漆费用另计。 |
| 4 | 柜内清漆 | $m^2$ | 55.00 | 32.76 | 1801.80 | 打磨二遍，涂刷二底一面，按展开面积算。（立邦木器漆） |
| 5 | 石膏板立面弧线或造型顶 | $m^2$ | 295.00 | 13.10 | 3864.50 | 1.轻钢龙骨防火涂料两遍，间距≤300mm槽接固定。大于1$m^2$吊顶加膨胀螺栓固定。木龙骨须刷环保型防火涂料。<br>2.平面用石膏板罩面，自攻螺丝钉固定。<br>3.立面可使用优质五厘板或双层优质三厘板。<br>4.按展开面积计算，基层处理另计。<br>5.此为基础价格，对造型较复杂的吊顶，视具体情况确定。<br>6.跌级造型按跌级层数分别计算，每跌一级增加50元/$m^2$。<br>7.顶高于4m每平方加收40元高空作业费。 |
| 6 | PU线 | m | 125.00 | 15.00 | 1875.00 | 详见施工图纸 |
| 合计 | | | | | 16799.39 | |
| 基础工程造价合计 | | | | | 291859.59 | |
| 二十一、安装项目 | | | | | | |
| 1 | 灯具安装 | 项 | 一居270元；<br>二居400元；<br>三居550元；<br>四居680元；<br>楼中楼850元 | 1.00 | 850.00 | 1.灯具甲供。<br>2.每增加一居室（含储藏间及其他厅室等）增加100元。楼中楼别墅价格视情况制定。 |
| 2 | 开关插座面板安装 | 项 | 一居270元；<br>二居400元；<br>三居550元；<br>四居680元；<br>楼中楼850元 | 1.00 | 850.00 | 1.开关、插座、面板甲供。<br>2.每增加一居室（含储藏间及其他厅室等）增加100元。楼中楼别墅价格视情况制定。 |
| 合计 | | | | | 1700.00 | |

续表

| 二十二、 其他项目 | | | | | | |
|---|---|---|---|---|---|---|
| 1 | 卫生间做防水 | $m^2$ | 85.00 | 107.30 | 9120.50 | 1.水泥砂浆找平；找平层大于30mm，另加20元/$m^2$。<br>2.指定有色防水涂料两遍。 |
| 2 | 墙面基层处理、披刮墙衬 | $m^2$ | 20.00 | 590.61 | 11812.26 | 1.门窗洞口减半计算，如包门窗套，可完全扣除门窗洞口面积。<br>2.砂灰墙、隔墙，须批刮墙衬两遍，打磨平整，对外墙内保温及质量差的隔墙，须满贴石膏板，增加40元/$m^2$；顶墙空鼓须铲除后水泥砂浆找平，增加30元/$m^2$；客户不做上述处理，应在合同中做书面说明。<br>3.墙衬具有强度高，抗裂抗划，耐水柔韧，有防霉防脱，合宜性 |
| 3 | 底漆（包工料） | $m^2$ | 7.00 | 590.61 | 4134.27 | 抗碱底漆一遍，基层处理另计。 |
| 4 | 轻质墙拆除（12墙） | $m^2$ | 95.00 | 9.10 | 864.50 | 1.轻质内墙，含墙上门、窗。拆除内墙保温层，按10元/$m^2$。<br>2.直接对室外的外墙，根据楼层及难易程度另计（法规不允许的情况除外）。 |
| 5 | 轻质墙拆除（24墙） | $m^2$ | 125.00 | 10.40 | 1300.00 | 1.轻质内墙，含墙上门、窗。拆除内墙保温层，按10元/$m^2$。<br>2.直接对室外的外墙，根据楼层及难易程度另计（法规不允许的情况除外）。 |
| 6 | 砖砌隔断（12墙水泥砂浆双面抹灰） | $m^2$ | 195.00 | 37.80 | 7371.00 | 1.须经物业同意，客户负责办理相关手续。<br>2.使用红砖，强度32.5普通硅酸盐水泥砂浆砌筑。水泥砂浆打底、抹平。<br>3.墙厚≤150mm。工程量按单面立面面积算。<br>4.面层装饰另计。 |
| 7 | 砖砌隔断（24墙水泥砂浆单面抹灰） | $m^2$ | 225.00 | 3.26 | 733.50 | 1.须经物业同意，客户负责办理相关手续。<br>2.使用红砖，强度32.5普通硅酸盐水泥砂浆砌筑。水泥砂浆打底、抹平。<br>3.墙厚≤250mm。工程量按单面立面面积算。<br>4.面层装饰另计。 |
| 8 | 入户混凝土现浇楼板 | $m^2$ | 980.00 | 11.40 | 11172.00 | 按建筑行业标准施工，厚度≤120mm。 |
| 9 | 阴阳角处理 | 房 | 160$m^2$内2000元；<br>160$m^2$以上 3000元 | 1.00 | 3000.00 | 专用PU线条。 |
| 10 | 防潮、防火处理 | 房 | 一居270元；<br>二居540元；<br>三居675元；<br>四居810元；<br>楼中楼950元 | 1.00 | 950.00 | 按施工工艺标准做防火防潮处理。 |
| 11 | 成品保护 | $m^2$ | 11.00 | 300.00 | 3300.00 | 1.地砖用纤维板铺贴保护。<br>2.入户门，把手，插座专业膜保护。<br>3.工程量按建筑面积计算。 |
| 12 | 防白蚁处理 | $m^2$ | 8.50 | 300.00 | 2550.00 | 1.按建筑面积计算。<br>2.专用室内白蚁清。<br>3.地面、墙面1.8米以下全喷药。<br>4.如业主取消此项由此不产生费用。 |
| 13 | 垃圾清运费 | 建筑$m^2$ | 5.50 | 300.00 | 1650.00 | 1.六层及六层以上，每增加一层增加1元/$m^2$；可使用电梯的均以3元/$m^2$计算（不含甲供主材）。<br>2.小区内距离超过200米则每平米增加1元。 |
| 14 | 材料转运及二次搬运费 | 建筑$m^2$ | 5.50 | 300.00 | 1650.00 | 1.六层及六层以上，每增加一层增加1元/$m^2$；可使用电梯的均以3元/$m^2$计算（不含甲供主材）。<br>2.小区内距离超过200米则每平米增加1元。 |
| 15 | 高空作业费 | 项 | 3000.00 | 1.00 | 3000.00 | |
| 合计 | | | | | 62608.03 | |

续表

| 二十三、 水电项目 | | | | | | |
|---|---|---|---|---|---|---|
| 1 | 砖墙面电气剔槽布线（2.5$mm^2$线） | m | 28.00 | 实计 | 实计 | 1.墙、顶、地面剔槽，埋PVC硬质阻燃管及配件，内穿国标2.5$mm^2$、4$mm^2$（4$mm^2$线为空调及特殊项目专用）塑铜线，分色布线。按单管延米计。<br>2.阻燃管内穿线不超过4根，弱电电线（电话线、电视线、音响线、网络线）单独穿管，若业主提供弱电线报价相应减少5元/m。<br>3.管内电线不得接头，分线处用分线盒。 |
| 2 | 砖墙面电气剔槽布线（4$mm^2$线） | m | 31.00 | 实计 | 实计 | 1.墙、顶、地面剔槽，埋PVC硬质阻燃管及配件，内穿国标2.5$mm^2$、4$mm^2$（4$mm^2$线为空调及特殊项目专用）塑铜线，分色布线。按单管延米计。<br>2.阻燃管内穿线不超过4根，弱电电线（电话线、电视线、音响线、网络线）单独穿管，若业主提供弱电线报价相应减少5元/m。<br>3.管内电线不得接头，分线处用分线盒。 |
| 3 | 砖墙面电气剔槽布线（6$mm^2$线） | m | 40.00 | 实计 | 实计 | 1.墙、顶、地面剔槽，埋PVC硬质阻燃管及配件，内穿国标6$mm^2$塑铜线，分色布线。按单管延米计。<br>2.管内电线不得接头，分线处用分线盒。 |
| 4 | 石膏线及吊顶、地面、隔断墙内布线（不剔槽、2.5$mm^2$线） | m | 25.00 | 实计 | 实计 | 1.2.5$mm^2$或4$mm^2$（4$mm^2$线为空调及特殊项目专用）塑铜线，穿PVC阻燃管及配件。<br>2.管内电线不得接头，分线处用分线盒。<br>3.此项为预收费用，中期结算时按实际发生结算。 |
| 5 | 石膏线及吊顶、地面、隔断墙内布线（不剔槽、4$mm^2$线） | m | 28.00 | 实计 | 实计 | 1.2.5$mm^2$或4$mm^2$（4$mm^2$线为空调及特殊项目专用）塑铜线，穿PVC阻燃管及配件。<br>2.管内电线不得接头，分线处用分线盒。 |
| 6 | 石膏线及吊顶、地面、隔断墙内布线（不剔槽、6$mm^2$线） | m | 35.00 | 实计 | 实计 | 1.6$mm^2$塑铜线，穿PVC阻燃管及配件。<br>2.管内电线不得接头，分线处用分线盒。 |
| 7 | PP–R管材 管径20 | m | 48.00 | 实计 | 实计 | 1.墙面打孔下木楔或塑料胀栓，镀锌螺钉固定配套卡具，固定PP–R管道。按单管延米计。<br>2.不含水龙头及设备安装。铜制管件由客户提供。 |
| 8 | PP–R管材 管径25 | m | 58.00 | 实计 | 实计 | |
| 9 | PP–R管材 管径32 | m | 75.00 | 实计 | 实计 | |
| 10 | 铜管材 | m | 180.00 | 实计 | 实计 | 1.墙面打孔下木楔或塑料胀栓，镀锌螺钉固定配套卡具，固定铜管道。按单管延米计。<br>2.不含软管、水龙头及设备安装。 |
| 11 | 铝塑管 | m | 65.00 | 实计 | 实计 | 1.墙面打孔下木楔或塑料胀栓，镀锌螺钉固定配套卡具，固定铝塑管。按单管延米计。<br>2.不含软管、水龙头及设备安装。 |
| 12 | 下水管安装（1.5'U–PVC管，管径不大于5cm） | m | 60.00 | 实计 | 实计 | 1.1.5'U–PVC管及配件、专用胶黏结，按单管延米计。<br>2.此项费用在预算中为预收，结算时按实际工程量计算。<br>3.不足1米按1米计算。 |
| 13 | 下水管安装（1.5'U–PVC管，管径大于5cm，小于等于11cm） | m | 80.00 | 实计 | 实计 | 1.1.5'U–PVC管及配件、专用胶黏结，按单管延米计。<br>2.此项费用在预算中为预收，结算时按实际工程量计算。<br>3.不足1米按1米计算。 |
| 14 | 配电箱移位 | 个 | 150.00 | 实计 | 实计 | 1.箱体、断路器及内部配件由客户提供。<br>2.含人工及辅料。 |
| 15 | 蹲便器移位 | 个 | 180.00 | 实计 | 实计 | 1.蹲便器由客户提供。<br>2.含人工及辅料。 |
| | 合计 | | | | 24380.00 | |
| A | 工程总造价合计 | | | | 380547.62 | |
| B | 工程管理费10% | | | | 38054.76 | |
| C | 设计费 | 项 | 1.00 | 总造价的4.5% | 17124.64 | |
| D | 共合计 | | | | 435727.02 | |

1.本报价不含施工用水电费（甲方提供）。
2.乙方无论任何情况下不承担物业管理部门的任何费用。
3.本报价不含税金。
4.乙方承担因施工违反物业规定而扣除部分的费用。
5.本报价不含“主材”——灯具、洁具、龙头、开关面板、瓷砖、石材、地板、地毯以及门锁、拉手、滑轨、合页。

## 参考文献


[1]陈易.室内设计原理.北京：中国建筑工业出版社，2006

[2]张书鸿.室内设计概论.武汉：华中科技大学出版社，2009

[3]刘芳.室内陈设设计与实训.长沙：中南大学出版社，2009

[4]丰明高，张塔洪.家居空间设计.长沙：湖南大学出版社，2009

[5]黄春波，黄芳.居室空间设计与实训.沈阳：辽宁美术出版社，2011

[6]钟凯丽-雅布卡.刘心译.创意生活—公寓设计.沈阳：辽宁科学技术出版社，2010

[7]张猗曼，郑曙旸.室内设计资料集.北京：中国建筑工业出版社，2006

[8]邢庆华.色彩.南京：东南大学出版社，2005

[9]李珍珍.足下的艺术——浅析室内设计中地毯装饰与应用.美术大观，2014

[10]同济大学，西安建筑科技大学，东南大学，重庆大学合编.房屋建筑学.北京：中国建筑工业出版社，2005

[11]杨雏菊.建筑构造设计.北京：中国建筑工业出版社，2005

[12]布里奇特.建筑立面与色彩.沈阳：辽宁美术出版社，2010

[13]日本建造学会.建筑设计资料集成-居住篇.天津：天津大学出版社，2006

[14]日本建造学会.建筑设计资料集成-人体空间篇.天津：天津大学出版社，2006

[15]刘盛璜.人体工程学与室内设计.北京：中国建筑工业出版社，2004

[16]周燕珉.中小套型住宅设计.北京：知识产权出版社，2008

[17]孙峰，方新.室内陈设设计.北京：北京理工大学出版社，2009

[18]彭一刚.建筑空间组合论.北京：中国建筑工业出版社，2005

[19]王牧.室内设计的人性化.装饰，2006

[20]林宪德.绿色建筑：生态·节能·减废·健康.北京：中国建筑工业出版社，2007

[21]刘森林.世界室内设计史略.上海：上海书店出版社，2001

[22]范涛.室内构成.北京：化学工业出版社，2007

[23]E.H 贡布里希.装饰艺术的心理学研究.长沙：湖南科学技术出版社，2005

[24]周雅靓.浅谈静态室内空间的动态美.美术大观，2014